49년 주식 고수의 차트 읽는 법

주식 차트의 신 100법칙

매수, 매도, 추격 매수, 손절매 시기는 어디인가

이시이 카츠토시 지음
이정은 옮김

허수 주문에 휘둘리지 않는 '눈'을 키워라!

주식 차트만 알면 주식 투자의 성공 확률이 커진다

지상사 Jisangsa

들어가기에 앞서

주식매매에서 성공하기란 그리 쉽지 않다.

투자자들은 다양한 도구로 승리 확률을 높이려고 애쓴다.

캔들은 예전 에도시대의 쌀 시장에서 전해진 사카타오법'에서 기인했으며, 세계에서도 가장 오래되었고 현재까지도 활용되는 주가 예측법이다.

그러다 보니 관련 출판물도 많고 인기도 높다.

양봉이든 음봉이든, 또 응용형이든 변형형이든, **캔들이 나타난 이면에는 매매에 참여한 투자자의 다양한 생각이 담겨 있다.**

또 당시의 경제지표와 정치외교, 지정학적 위기 등도 수놓아 있다.

깊이를 가늠하기 힘들 정도다.

그까짓 캔들, 그럼에도 캔들.

캔들을 만만하게 본 사람에게 승리의 여신은 미소 지어주지 않는다.

이 책은 여러 책에 숟가락이나 얹으려고 쓴 책이 아니다.

사카타 신고가를 기본으로 실제 눈앞에 보이는 각 종목의 움직임과 조합을 바탕으로 언제 매매하여 이익을 얻을 것인지를 실시간 동향을 설명하며 매매전법을 통해 생각해 보고자 한다.

즉 캔들 형태를 설명한들, 그것이 나온 배경을 전제하지 않으면 '센지 약한지', '바닥인지 아직인지', '꼭대기인지 아닌지' 등을 판단하기 어려우며 확률도 낮아진다.

각 종목의 최근 동향을 예로 들어 매매의 판단기준을 소개하고 매매 성공확률을 높이는 데 도움이 되고자 한다.

최저가는 어느 것이며, 최고가는 어느 것인가.
매수 시기, 추격 매수 시기, 매도 시기, 손절매 시기는 어디인가.
실제 캔들을 참고하며 빈도가 높은 형태를 해설하고자 했다.
또 같은 매수 신호이라도 될 수 있는 한 유사한 형태를 예로 들어 독자 여러분의 의문을 풀어드릴 만한 내용을 담으려고 노력했다.
모쪼록, 이 책을 통해 지금까지보다 더 성과를 높이고, 실패가 많았다면 앞으로는 이익을 얻는 기술을 익히시길 바란다.

이 책은 필자가 49년간 주식투자 생활에서 얻은 손실과 성과를 바탕으로 엮었으며, 단순히 책상머리에 앉아 몇 글자 적은 책이 아님을 밝힌다.
이 책을 읽고 많은 성공담이 날아들기를 고대한다.

저자 이시이 카츠토시

• 이 책에서는 특정 종목과 그에 대한 거래를 추천하지 않습니다. 본인 판단하에 거래하시기 바랍니다. 매매로 인해 발생한 손실에 대해서 저자와 출판사는 일절 책임지지 않습니다.

1-사카타오법(酒田五法), 데와국(出羽国, 현재 야마가타현 사카타시 주변) 출신 에도시대 상장사 혼마 무네히사(本間宗久)가 고안한 캔들 꼬리를 기본으로 삼은 기술적 분석법 중 하나. 삼산(三山, 가격이 상승-하락을 세 번 거듭한 후 내림세), 삼천(三川, 가격이 하락-상승을 세 번 거듭한 후 상승세), 삼공(三空, 가격의 상승과 하락이 여러 번 반복되다가 상승세 혹은 내림세), 삼병(三兵, 가격이 3일 연속 상승하거나 하락함), 삼법(三法, 단기간에 상승과 하락이 연속)이 있다. 여기서 상장사란 실물 없이 시세만 보고 차익을 얻는 사람을 가리킨다.

차례

들어가기에 앞서 / 004

차트에 속지 말지어다

01 차트는 자의적으로 사용되기도 한다 / 016

02 상승하는 것처럼 보여서 하락시키는 진짜 이유는 따로 있다 / 018

03 호재가 당면한 고가에 반영되는 이유 / 020

04 차트는 '해도', 과연 올바른 내비게이터일까? / 022

05 속지 않고 주식투자에서 살아남기 위한 캔들 활용법 / 024

1장

차트보다 먼저
주식으로 이기는 법칙

06 잘 알고 자신 있는 종목의 차트로 승부한다 / 028
07 종목의 특징을 알아두면 당황하지 않고 이길 수 있다 / 030
08 제 눈으로 고르고 제 손으로 이익을 얻는다 / 032
09 정치경제 동향에서 주목할 종목을 유추한다 / 034
10 일상의 풍경 속에서 흥할 종목을 느낀다 / 036

2장

단 한 개의 캔들에서
시세가 보인다

11 음봉의 크기는 위아래 세기의 표현이다 / 040
12 위꼬리는 매도 압박의 강도를 나타낸다 / 042
13 아래꼬리는 매수 강도, 저점 한계의 신호다 / 044
14 십자가형 캔들은 매매가 대등할 때 등장한다 / 046
15 음봉이 작으면 거래가 한산하고 움직임이 적다는 뜻이다 / 048
16 팽이형에 담긴 메시지를 읽는다 / 050
17 가로일자형 캔들은 상한가가 대부분이다 / 052

3장

캔들 조합으로
예측하다

18 흑운형은 위치가 문제다 / 056

19 연속선과 불연속선 / 058

20 갭 상승, 갭 하락의 의미 / 060

21 상승 갭 타스키형 / 062

22 하락 갭 타스키형 / 064

23 꼬리가 하나인 장대봉은 세기를 나타낸다 / 066

24 '망치형'이 저가에서 나오면 / 068

25 '갭 삼법형'은 방향전환 / 070

26 장악형은 천정, 저점의 징조 / 072

27 '상승 잉태형'은 상승 포인트 / 074

28 '공간' 읽는 법 / 076

29 긴 시세 속 '흑삼병' / 078

30 회복세에 매도 '상승삼법형' / 080

매수 적기를 찾으려면 여기에 주목

31 '급락 후 두 개의 아래꼬리'는 기회 / 084

32 저점 부근에서의 별형, 유사선은 매수 / 086

33 '보합세'에서 갭 상승 / 088

34 냄비 바닥과 같은 움직임, 상승한다면, 매수 / 090

35 장악형이 나온 후 갭 상승은 매수 / 092

36 상승 '샛별형'을 확인하라 / 094

37 이중바닥형의 두 바닥점은 최저가일 확률이 높다 / 096

38 삼중바닥에서 상승 / 098

39 '이동평균선 상의 보합세 탈출'에 붙는다 / 100

40 '장기 저점 보합세'에서 수직상승에 붙는다 / 102

41 '삼대흑장봉'은 저가 사인 / 104

42 '저점 보합세'에서 급등 / 106

43 '삼공'은 집단의 움직임이므로 매수 / 108

44 연이은 음봉 후 양봉, 매도의 끝 / 110

45 '페넌트형'에서 벗어났다면 기회 / 112

46 '깃발형'에서의 상승에 주목 / 114

5장
이익 실현으로 도망치는 매도 시기

47 '갭 장대 음봉'이 나오면 한계 /118

48 '대머리 캔들'의 완만한 천정을 간파하다 /120

49 상승 후 등장한 긴 '위꼬리 음봉'은 한계다 /122

50 '갭 음봉'이 이어지며 하락하면 도망쳐라 /124

51 석별형으로 상한가가 선명해진다 /126

52 '이중천장' 후 하락에는 주의 /128

53 장대 양봉 후의 '연속 음봉'은 고점 한계 /130

54 '교수형' 대천장에는 주의 /132

55 갭 상승한 위꼬리 양봉 뒤에 '하락 잉태형' /134

56 '보합세 탈출로부터 하락'은 급매할 것 /136

57 '페넌트형'의 고점 보합세 탈출 후 하락 /138

58 갭 상승 후 '창 열리고 음봉'은 매도 /140

59 이동평균선과의 '데드크로스'했다면 도망가라 /142

60 상승 후 '양봉 잉태형'은 한계가 된다 /144

61 급하게 이어진 양봉은 음봉 연속으로 이어진다 /146

62 긴 꼬리는 주가의 한계 /148

63 음봉과 교수형이 이중으로 천장에 붙다 /150

더는 손쓸 수 없을 정도로
못 쓰는 캔들

64 하락하는 도중 '가격에 홀린 매수'는 금지 / 154

65 위로 뛰어오른 주가도 '양봉과 음봉의 잉태형' 한계 / 156

66 '슬금슬금 하락'한다면, 실수라도 줍지 마라 / 158

67 급등 후 '이익 실현'에 주의하라 / 160

68 '상한가'는 얼마나 장점인가? / 162

69 '이슈 선반영' 주가의 눌림목은? / 164

70 '하한가 종목'은 추적이 현명하다 / 166

저점을 찾는 기술

71 '수익률 반전'의 원리를 이해하자 / 170

72 '급락'은 저점 확인 기회 / 172

73 '꾸준한 추적'이 수익을 내는 보물창고를 만든다 / 174

74 '손절매'해도 추적하여 내 것으로 만든다 / 176

75 '오르락내리락' 사이클에서 기회를 잡는다 / 178

76 알기 쉬운 '지그재그 보합세'로 이익을 / 180

77 강세, 이동평균선과의 연결을 활용 / 182

78 테마를 노리고 '상승 초동'에 즉시 탄다 / 184

8장

천장까지 주가와 함께 가는 기술

79 상승세에 편승했다면 '마지막까지' / 188

80 '보합세에서 탈출하여' 이익을 놓치다 / 190

81 상승 '도중에' 편승해도 좋은 움직임과 나쁜 움직임 / 192

82 상승 '도중의 시련'을 버텨라 / 194

83 '거래량 증가'라는 상승에 편승하라 / 196

9장

세력주 특유의 특징을 읽는다

84 '상한가, 하한가'라는 격렬한 움직임 / 200

85 '의도적으로 움직이는' 세력주의 특징 / 202

86 '국책을 배경'으로 생각이 움직인다 / 204

87 '시세의 흐름'을 활용한 신규매매 / 206

88 '기업 흡수'로 몰리는 인기 / 208

89 '세력의 기세'에 매수를 향하다 / 210

90 게임주는 '다운로드가 생명' / 212

91 '왕년의 세력주'의 저점, 매수할 것인가 / 214

92 '실리콘 사이클'에 거는 생각 / 216

93 '기업회생'에 모이는 생각 / 218

94 '보합세 탈출'에서 본령 발휘한 주가 / 220

95 공매도가 잘 들어오면' 주가는 날아오른다 / 222

96 '급등급락의 파도'에 타시라 / 224

10장

게임주에서 보는
차트의 심리학

97 '업계 최고' 종목의 전투법 / 228

98 장기투자라면 하락하더라도 '이쯤에서 반등'을 노려라 / 230

99 IPO 관련주 대처법 / 232

100 '상한가 종목'의 관련주 대처법 / 234

차트에
속지
말지어다

투기자에게 가장 큰 적은 무지,
욕심 그리고 공포와 희망이라는 감정이다.
제시 리버모어(Jesse Lauriston Livermore)

주식시세가 대중 투자자를 꺾는 게 아니다.
대중 투자자가 자기 약점에 발목 잡혀 자멸하는 것이다.

01 / 차트는 자의적으로 사용되기도 한다

차트, 캔들을 볼 줄 알면 주식투자에서 쉽게 승리할 수 있다.

그렇게 생각하는 사람이 많다.

그러나 이는 틀린 말이다.

왜일까.

"주식투자는 속고 속이는 중에 성립하기 때문이다"와 같은 팩트 때문이다.

주식에서 승리하려면 타인을 앞서가야 한다.

사실 예년 주식시장에서는 차트(별칭 해도)를 자의적으로 활용, 즉 악용하는 경우가 일상적이었다.

그러다 보니 개인 투자자로부터 '차트는 속임수가 많다'라는 한탄 섞인 말을 자주 듣는다.

예를 들어 거래량이 늘어서 주가가 급등했고 장대 양봉이 만들어졌다고 치자.

대개 이런 차트를 보면 '매수 신호'라고 해석하기 마련이다.

그러나 **이것이 바로 위험신호다.**

고가에서 팔고 싶은 세력이 '주가 급등, 거래량 증가'를 연출하며 매도 시점을 세팅하고 잠복 중일지도 모를 일이다.

이를 모르는 투자자가 매수로 돌아선 순간, 이들 세력은 '이익 실현 매물'을 쏟아낸다.

그래서 '사면 떨어지는 것'이다.

개인 투자자라면 이런 경험 한두 번은 있지 낳.

모두가 '매수 기회'라고 생각할 때가 실은 마지막 고점이었던 것이다.

시작가가 최고가로 거래되고 이내 주식이 하락했다.

이것을 간파해내지 못한다면, 제아무리 오래 주식에 투자했어도 승리하지 못한다.

차트는 '배우는 것'이 아니라, '이면을 읽는 기술'을 필요로 한다.

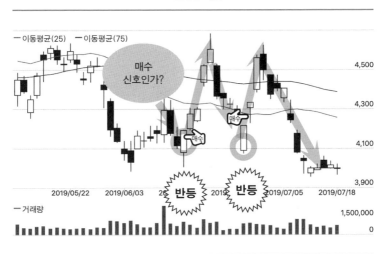

▼ 7956 피죤

차트에 속지 말지어다

02 / 상승하는 것처럼 보여서 하락시키는 진짜 이유는 따로 있다

주식에서는 흔히 '흔들기 기법'을 쓴다.

세력이 즐겨 쓰는 수법 중 하나다.

어떤 종목의 주가를 높이고 싶거나 그 종목을 사게 하고 싶을 때, 의도적으로 정보를 흘리며 마구 사들인다. 그러면 개인 투자자들이 매수하려고 몰려든다.

하지만 너무 많이 몰려도 문제다. 왜? 다들 사려고만 들면 나중에 매도자만 남기 때문이다.

그래서 세력은 '시장의 열을 식힐 종목'을 미리 준비해 두고 팔아서 이익을 낸다.

세력뿐 아니라 펀드나 대형증권사들도 자주 쓰는 수단이다.

매도가 많을수록 주가는 당연히 하락한다.

상승세라고 생각하고 매수한 개인 투자자는 '실패'했다고 판단, 매도에 나선다.

즉 '매도 대기'라는 공을 던지게 한 셈이다.

그러면 고점에서의 '매도 대기' 주식 수량이 줄어들므로 다시 상승하기 쉬워진다.

이때 다시 주가를 높아지게 연출을 한다.

그 후 떨어뜨린다.

주식을 마구 사들인 후 주가를 떨어뜨리는 교차 작전이다.

이것을 차트에서 보면, **상승과 하락을 반복하면서 점차 상승해 가는 것처럼 보인다.**

꿈에서나 보던 이상적인 상승세.

그러나 개인 투자자는 큰 재미를 보지 못했다.

내림세가 아니라 상승세일 때 매수했기 때문이다.

그렇다. 캔들은 실제 문제, 즉 이용당하고 속이는 도구가 되어가고 있다.

이러한 사실을 반드시 알아야 한다.

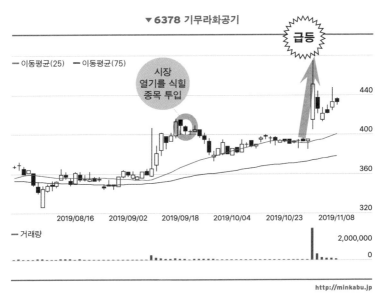

▼6378 기무라화공기

급등

시장 열기를 식힐 종목 투입

─ 이동평균(25) ─ 이동평균(75)

440

400

360

320

2019/08/16   2019/09/02   2019/09/18   2019/10/04   2019/10/23   2019/11/08

─ 거래량

2,000,000

0

http://minkabu.jp

차트에 속지 말지어다

03 / 호재가 당면한 고가에 반영되는 이유

실적 호조와 같은 좋은 이슈가 나오면 모두가 산다.

그러나 산 다음에는 대개 떨어진다.

'알고 나면 끝'이기 때문이다.

좋은 이슈가 나오면 당연히 매수세가 많아지고 주가는 상승한다.

이때 대형 펀드나 세력은 '이익 실현'에 나선다. 가장 확실한 '매도' 타이밍이기 때문이다.

호재 후에 더 나은 호재가 생기면 다행이지만, 그런 일은 드물다.

그래서 호재가 나왔을 때가 '당면의 고가'를 형성한다. (엄청난 호재는 별개로 치고)

자, 호재가 나왔을 때의 차트 추이를 보시기 바란다.

대개 호재가 나오고 주가가 오르기 전에 이미 거래량은 증가 중이며, 약간 올라있기도 하다.

그렇다.

이슈가 사전에 흘러나온 것이다.

"내부자 거래가 아닌가!"

이렇게 의심할 법도 하다.

그러나 의도적으로 시세를 조종했다는 증거를 잡기란 쉽지 않다. 잘 들키지 않는다.

그러니 기업의 결산서나 신규사업, 사업제휴 등의 뉴스가 공공연해 질 때는 '지나간 이슈'라고 생각하라.

이것이 차트에도 반영된다.

차트는 거짓말하지 않는다.

이를 간파하고 도전해야 한다.

차트에 속지 말지어다

04 / 차트는 '해도', 과연 올바른 내비게이터일까?

차트란, '해도'를 가리킨다.

예전에는 물자를 운송하거나 이동할 때 주로 배를 사용했다.

철도나 비행기가 없던 시절의 이야기다.

경제활동에서 역할이 매우 큰 배가 길을 잃지 않고 목적지에 닿으려면, 항해 내비게이터인 '해도'가 꼭 있어야 한다.

주식투자도 '이러면 이렇다'라는 방정식이 있으면 얼마나 좋을까. 차트를 공부해서 100점 받으면 '주식투자에서 승리'는 따놓은 당상이다.

그러나 공부만으로는 성과가 오르지 않는다.

'두드린다고 꼭 열리란 법은 없으니까.'

이것이 주식투자 세계의 현실이다.

그렇다면 어떻게 해야 할까.

차트, 캔들의 활용법, 이면 읽는 법, 속지 않는 법을 익히는 것 말고는 없다.

항간에 넘쳐나는 '차트 보는 법'은 원리원칙을 해설한 데 그치고 있다.

그래서 교과서대로 배우고 실행했는데도 생각대로 성과가 나지 않는다.

주식의 세계는 '해도'뿐 아니라 구름떼처럼 몰려드는 '해적', 즉 '가짜 정보', '매매 동향'이라는 이면을 읽어내야 한다.

물론 쉽지 않다.

그래도 주식투자에는 사람이 모여든다.

손에 쥔 자금을 100배로든 1,000배로든 만들 가능성이 있어서다.

주식투자는 '고도의 지혜 재기'다.

이렇게 생각하고 캔들의 흔적을 추적해야 한다.

'양봉이란 무엇인가? 음봉이란?'

이것만 알아서는 주식투자에서 '승리'하지 못한다.

이를 명심하고 캔들에서 보이는 '특징'을 읽어내야만 한다.

차트에 속지 말지어다

05 / 속지 않고 주식투자에서 살아남기 위한 캔들 활용법

'여기서부터 어떻게 움직여야 할까?'

이 질문에 대한 힌트가 바로 차트와 캔들이다.

캔들 하나하나에 특별한 비밀이 숨어있는 건 아니다.

캔들은 과거의 값을 단순하게 시각적으로 바꿔놓은 것으로 누구나 똑같은 정보를 본다.

하지만 사람들 대부분은 이를 제대로 해석해 내지 못하여 주식투자에서 크게 실패한다.

올바른 경제활동이기도 한, 자본시장에서 자금을 투자하여 손실을 본다.

정말로 답답한 노릇이다.

물론 기간을 매우 길게 보면, 단기적인 변동은 묻히고 전체적으로 오름세냐, 내림세냐가 형성된다.

하지만 비즈니스 환경이 빠르게 변화하는 지금, 2년 후나 5년 후를 기다릴 수는 없잖은가.

현실에서는 오늘 얼마만큼 변동했는지, 1분 후 주가가 얼마인지가 알고 싶은 법이다.

그래서 **음봉, 양봉, 동시선에 나타나는 투자자의 번뇌를 집대성하여**

읽어낼 줄 알아야 한다.

폭락 후에 폭등할지도 모를 일이다.

이러한 징조를 어떤 신호로 볼 것인가. 고도의 기술이 집약된 판단력이 필요하다.

일반적인 '교과서 같은 교재'에서는 알려주지 않는다.

이 책에서는 '실전적인 차트 보기'에 집중했다. 주식시장에서 꼭 필요한 대목이기 때문이다.

주식 세계에서는 '속지 않는 투자', '지치지 않는 투자력'이 필요하다.

이 책에서는 투자자로서 많은 실패를 겪어봤기 때문에 말할 수 있는 진실을 쓰려고 한다.

차트에 속지 말지어다

1장

차트보다 먼저 주식으로 이기는 법칙

시장을 지배하는 건, 숫자가 아니라 인간의 심리다.

조지 소로스(George Soros)

깃발은 움직이는 게 아니며 바람으로 움직이는 것도 아니다.
깃발을 보는 우리의 마음이 흔들리고 있는 것이다.

혼마 무네히사(本間宗久)

06 / 잘 알고 자신 있는 종목의 차트로 승부한다

거의 모든 투자자는 주식거래에서 수익률을 높이기 위해서 차트를 본다.

왜 보느냐, 캔들 모양을 보면 100% 완벽하지는 않아도 **남보다 먼저 '예측'할 수 있어서다.**

주가변동이 모양을 나타내는 캔들에는 일정한 특징이 있으므로, 미리 공부해 두면 **매매를 판단하는 데 오류를 줄일 수 있다.**

물론 차트가 다는 아니다.

같은 차트라고 하더라도 아는 종목과 모르는 종목은 보는 법에도 차이가 있다.

예전부터 거래하던 대상을 두고 '이러면 이렇더라'라는 경험치가 있으면 오르든 내리든 매매 기회를 판단하는 데 실수가 적다.

여기에 예로 든 차트는 식품 종목으로 가격이 상당한 폭으로 오르락내리락하며 전체적으로 우상향하고 있다. (우하향하기도 하지만…)

이러한 움직임이라면 눌림목에 매수, 잠재이익은 중장기 보유가 좋겠다.

그러나 주가가 완전하게 계속 우상향한다는 보장은 없으므로 차트에 나온 음봉과 양봉의 움직임을 보며, 당장 '오늘 하락했으므로 매수' '내일 오르면 매도'를 반복하며 이익을 불리는 것도 하나의 방법이다.

갑자기 눈에 띈 종목이 아니라, 주가변동의 특징을 파악하고 있어서 큰 실수 없이 거래할 수 있다.

'아는 종목이 좋다.'

알고 있어서 생기는 일종의 안심감이라고 할까.

'남의 떡이 더 커 보인다'라고 했다. 여기저기 기웃대지 말고 자신 있는 종목, 잘 아는 종목으로 승부를 나서는 게 상책이다.

▼ 2802 아지노모토

http://minkabu.jp

07 / 종목의 특징을 알아두면 당황하지 않고 이길 수 있다

주가변동은 종목마다 특징이 있어서, 호조세이고 우상향이라고 해서 모두 똑같이 움직인다고는 할 수 없다.

필자가 안타깝게 생각하는 종목이 하나 있는데, 센서가 유명한 전기 관련주가 그렇다.

세계적으로 지명도가 있고 브랜드 인지도도 발군, 외국인도 많이 매수하는 종목이다.

그래서 움직임이 이상한 걸까.

실적이든, 어떤 형태의 기업설명회(IR, investor relation)를 이유로든 다음 날에는 가볍게 상승한다.

게다가 대부분 '갭'이 발생한다.

그만큼 사람이 모여든다.

이러한 움직임을 좇아 하루씩 늦게 매수하면 대개 상투 잡는 꼴이 된다.

일반적인 종목이라면 강력한 호재가 나오고 2, 3일은 상승세를 보이는 법이다. 이 종목은 '갭 상승 고가' 형식으로 이슈를 소화한다. 주가가 상승세인 국면에서는 음봉이 많이 보이며 호재가 나온 날 '시작가가 고가'가 된다.

이것이 '종목 각각의 특징'이다.

이런 형태는 이슈를 알고 '시작가'에 매수한 사람은 잔액이 마이너스가 된다.

'재미없게 움직이는' 종목이다.

이런 종목에서 이익을 내려면, **인기권 밖에서 조정을 받으며 주가가 바닥을 기고 있을 때 매수해 둬야 한다.** 그리고 호재가 나왔을 때가 '이익 실현' 타이밍이다.

눌림목에서 매수, 급등했을 때 매도는 주식투자의 상식이다. 여기에서 예로 든 종목은 상식대로 실천하지 않으면 한 푼의 이익도 용납하지 않는다.

특징을 알고 승리를 거머쥐자.

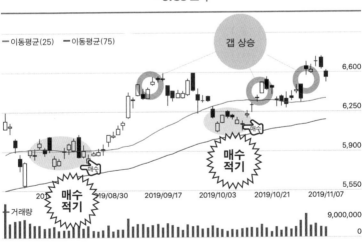

▼ 6758 소니

차트보다 먼저 주식으로 이기는 법칙

08 / 제 눈으로 고르고 제 손으로 이익을 얻는다

매일 거래하다 보면, 어떤 종목을 고를 것인가 하는 문제가 있다.
방법이 있다면 다음과 같다.

① 사이트에서 찾는다.
② 누군가에게 물어본다.
③ 흐름을 보고 스스로 결정한다.

크게 나눠서 이런 정도다. 될 수 있으면 **종목선택도 매수 및 매도 시기도 아무에게나 의지하지 말고 스스로 판단하기 바란다.**
주식투자에서는 이익도 손실도 자기 책임이다.
그런데 누군가에게 의지한다면 투자 능력을 키우지 못한다.
바람직하지 않다.
스스로 선택했다면 해당 종목의 매수 및 매도 적기에 대한 원칙
이 섰으므로 흔들릴 일이 적다.
여기에 예로 든 건설기기 제조사는 중국과 관련이 깊어서 중국경
기 동향에 좌우된다.
이외에도 관련 종목은 많지만, 여기에서는 가장 상징적인 건설기

기 제조사 중 한 곳을 선택했다.

아시다시피, 2019년 연초부터 미국 대통령은 중국에 높은 관세를 부과하겠다며 공세를 펼쳤고 결국 중국 경제는 후퇴했다.

그러나 연말을 기점으로 미·중 관계는 무역전쟁 이전으로의 회복 조짐이 있었는데, 이때 중국 관련 종목을 눈여겨봤다면 잘한 일이다.

일봉에서도 이를 예측한 움직임이 보인다.

▼ 6305 히타치건설기계

차트보다 먼저 주식으로 이기는 법칙

09 / 정치경제 동향에서 주목할 종목을 유추한다

투자에서는 어느 기업에 도움이 되는 이슈인가 하는 '흐름'에 민감해져야 한다. 그래야 향후 주가에서 이익을 얻을 가능성이 있다.

앞에서는 미국과 중국을 이야기했는데, 한국과 일본 역시 집필 시점에서는 안타깝게도 관계가 악화일로에 있다. 정치, 외교, 민간 기업 활동에까지 부담으로 작용, 관련 기업은 힘겨운 상황이다.

이때 돌연 움직인 한일 정상.

타이에서 개최된 아세안(ASEAN) 정상회의에서 문재인 대통령과 아베 총리의 회담이 이뤄졌다.

양국 정상은 관계 개선을 위한 대화 지속을 희망했고, 폐회 단상에서는 나란히 서서 악수도 했다.

지금까지 일체의 접촉을 차단하고 한국의 징용공 문제에 엄격한 태도를 보였던 아베 총리. 반면에 일본의 반도체 관련 금수 조치로도 보일 대처에 세계무역기구(WTO)에 제소할 태세였던 한국. 그야말로 정면 대결.

이때 불어닥친 한국 내 일본제품 불매운동, 방일 한국인 수는 급격히 줄었다.

아직 본격적이지는 않지만, 꽁꽁 얼어붙은 관계를 녹여줄 봄바람과 같은 한국 관련 종목이 '꿈틀'했다.

이 원고를 쓰는 시점에서는 향후를 예단할 수 없다. 그러나 관계가 개선되면 어느 종목에 기회가 있을 것인가.
이렇게 새로운 동향에 재빨리 주목하는 것도 중요한 투자적 관점이다.
하루라도 빨리, 정치경제 변동과 조짐을 파악하고 투자종목을 결정한다.
매우 중요한 일이다.

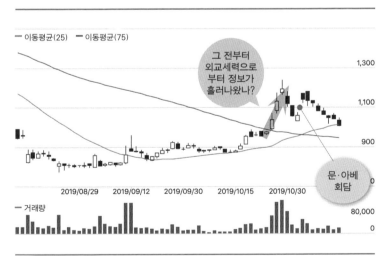

▼ **6561 하나투어 재팬**

차트보다 먼저 주식으로 이기는 법칙

10 / 일상의 풍경 속에서 흥할 종목을 느낀다

앞으로 주목받을 종목은 무얼까.

수익이 있을 만한 기업은 어딜까.

의외로 가까운 곳에 힌트가 있다.

한번은 유니클로 매장 앞에 쭉 늘어선 행렬이 화제가 된 적이 있다. 이를 보고 주식을 산 사람은 이익을 냈다.

이를 대신할 **어떤 이변**이 지금 있을까.

물론 있다.

여기저기에 있다.

일상의 풍경 속에 있다.

여기에 예로 든 종목은 작업복 이미지가 강한 기업이다.

그런데 예상치도 못하게 몇몇 SNS 인플루언서를 통해 입소문을 타며 다방면으로 활용되었고 '이렇게 만들어주었으며' 하는 피드백까지 받게 되었다.

여성이 선호하는 아이템으로 이제는 패션계까지 진출하며 화제가 되었다.

이러한 흐름이 차트에서도 보인다.

앞으로 어떻게 될 것인가.

꿈을 파는 소매업 형태의 탄생이다.

주가는 상당히 높지만, 이미 주당 6만 엔을 넘은 종목(유니클로=패스트 리테일링)을 추종하지 않을까 하는 기대감이 있다.

주식시장에는 숨어있는 보석이 꽤 많다.

매력적인 투자처다.

▼**7564 워크맨**

차트보다 먼저 주식으로 이기는 법칙

2장

단 한 개의 캔들에서 시세가 보인다

사람들이 냉정함을 잃었을 때 당신은 침착하다면,
당신은 부를 축적할 수 있다.
마크 리치(Marc Rich)

급상승, 급하락은 시세에 달렸느니.

11 / 음봉의 크기는
위아래 세기의 표현이다

주식의 매수 및 매도 시점을 정확히 읽어내기 위해 캔들을 볼 때는 **음봉과 양봉의 크기**에 주목해야 한다.

주가 동향은 캔들에 순식간에 기록된다.

호가창의 움직임이 매수 쪽인지, 매도 쪽인지는 캔들을 통해 더욱 시각화된다.

이러한 움직임을 보고 투자자는 '살지, 팔지'를 고민한다.

양봉이 커지면, '매수세가 강하다'라고 보이며, 거꾸로 음봉이 크면 '매도세가 강하다, 이익 실현인가'라고 본다.

일중이라면 5분봉을 주로 본다.

매우 가까운 주가 추세라면 일봉 추이를 살피는 게 된다.

나아가 더 전의 추세는 주봉이나 월봉을 보면 된다.

투자자들은 혈안이 되어 차트의 변동을 바라보고 있을 것이다.

차트는 아무나 언제든지 볼 수 있다. 문제는 데이터를 어떻게 볼 것이냐.

큰 캔들은 음봉이든 양봉이든 여기저기에 있다.

나중에 상세히 설명하겠지만, 양봉이 크다고 해서 무제한으로 상승하지 않는다. 반대로 음봉이 크다고 한없이 하락하지도 않는다.

이러한 특징도 알아야 투자에서 승리할 수 있다.

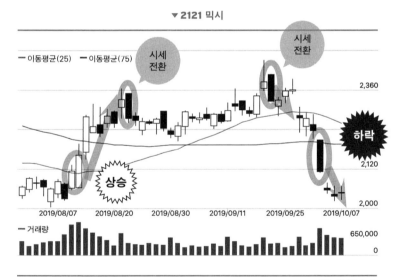

▼ **2121 믹시**

　　　　　　　　　　　　　　　　단 한 개의 캔들에서 시세가 보인다

12 / 위꼬리는 매도 압박의 강도를 나타낸다

주식매매에서의 역학관계는 호가창에도 나타나지만, 캔들에 매우 선명하게 표현된다.

중요한 건, 이러한 신호를 잘 해석해 내야 한다는 점이다.

특히 고가였을 때의 '위꼬리'에 주의해야 한다.

이는 음봉일 때든, 양봉일 때든 마찬가지다.

주가가 크게 움직이더니 크게 올랐다.

일시적으로는 플러스권에 들었다.

혹은 매도 압박에 마이너스로 빠졌다.

상황은 각양각색이지만, 한마디로 **주가가 고점까지 끌고 올랐다가 유지하지 못하고 끌려 내려온 형태다.**

이것이 '위꼬리'이며, 매도 압박이 얼마나 셌느냐를 말한다.

이것을 보면 누구나 **'위꼬리의 한계인가'라는 인상을** 받게 된다.

물론 이를 무시하며 주가가 상승하는 일은

얼마든지 있다.

이럴 때는 매도를 소화하면서도 더 높은 고점을 노리는 황소세력의 매수에 끌려가는 것처럼 추세는 우상향이 된다. 그러면 무시당한 위꼬리는 상승세 도중에 튀어나온 셈이 된다.

그러나 아래의 데이터에도 보이듯이, 위꼬리가 존재감을 나타내는 때는 **어느 정도 주가가 올라서 몇 번이고 위꼬리가 나오기 시작했을 때**다.

이때 캔들 모양을 보면 '주가가 이 이상 오르지 않는다. 매도세에 눌려서 매수세는 줄어들 것'이라는 신호가 되기 쉽다.

누구나 이처럼 판단하므로, 주가 역시 이를 반영하며 움직인다.

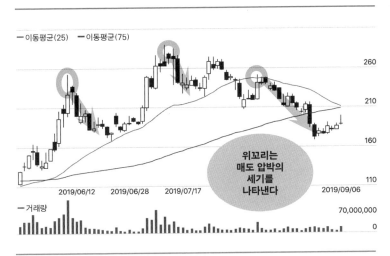

▼ 9424 니혼통신

위꼬리는 매도 압박의 세기를 나타낸다

http://minkabu.jp

단 한 개의 캔들에서 시세가 보인다

13 / 아래꼬리는 매수 강도, 저점 한계의 신호다

아래꼬리는 저점에서 자주 나온다.

주가가 크게 매도되었어도 저점이라면 매수를 기다리는 사람이 많아서 '학수고대했습니다!' 하며 매수 주문이 들어온다.

이것으로 주가는 다시 상승세를 보이며 결과적으로 캔들은 '아래꼬리'를 나타낸다.

실체(캔들의 몸통)는 작을 때가 많다.

이럴 때 캔들의 몸통은 음봉이든 양봉이든 큰 의미는 없으며, **아래로 꼬리가 길게 뻗은 곳에 '저점의 한계'가 보인다.**

즉 매도가 중단되었다는 것을 말한다.

추세를 보면 주가가 내림세이므로 아무도 쳐다보지 않는 상태에서 대바닥을 맞이하고 마지막에 '손절매', '던지기' 등의 움직임이 일어났으나, 이때 반대매매.

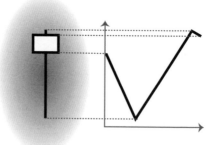

이렇게 해서 아래꼬리가 보이는 때가 많다.

아래꼬리에서 '내림세로 마무리'가 확인되면, 모두가 '더는 안 떨어질 것'이라고 판단하고 매수를 시작하게 되고 매도가 줄어든다.

차트 초심자라면, 공부 삼아 아래꼬리가 길게 뻗었을 때의 호가창을 참고하시라. 상승세, 시세 전환을 실감할 수 있다.

이러한 신호는 **'대바닥에서 매수'할 가장 큰 기회**며, 주식으로 이기려면 가장 중요한 신호이기도 하다.

이것을 놓치지 않는 사람이 주식투자에서 성공한다.

▼ 3092 ZOZO

단 한 개의 캔들에서 시세가 보인다

14 / 십자가형 캔들은 매매가 대등할 때 등장한다

십자가형 캔들은 시가와 종가가 같아질 때 나타난다.

시작가와 종가가 같다면 일봉에도 그렇게 그려지고, 주초의 종가
와 한주가 끝나는 영업일의 종가가 같으면 마찬가지로 주봉이 십
자가형 캔들이 된다.

시가와 종가가 같지만, 일봉이라면 거래시간 내에는 위아래로 움
직인다.

하지만 결국 시작가와 같은 가격으로 되돌아간다.

이러한 형태는 가격 움직임에 따라 다양하며 꼬리가 위로 길거나
아래로 긴 모양이 있다. 또 거의 주가가 움직이지 않은 세로 일자형
에 가까운 캔들도 있다.

즉 이는 **거래량이 매우
적은 종목**이다.

어떤 모양이든 십자
가형 캔들은 매수와
매도가 줄다리기하며
두 힘이 팽팽한 '혼조세'
를 나타낸다.

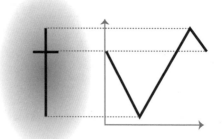

자, 어떻게 대처할 것인가.

줄다리기에서 무승부는 없다. 누군가는 이긴다.

움직이기 시작하면 한쪽으로 기우는 일은 얼마든지 있다.

시세의 분기점에 나타나서 경계해야만 하는 **'폭풍전야'**의 캔들이
다.

고점이든 저점이든 혹은 중간에 나오든 십자형 캔들이 등장한 후
에 주가는 대개 크게 움직인다.

▼ 6861 키엔스

단 한 개의 캔들에서 시세가 보인다

15 / 음봉이 작으면 거래가 한산하고 움직임이 적다는 뜻이다

캔들은 화려하게 움직이는 큰 것만 있는 건 아니다.

작은 캔들도 얼마든지 있다.

작다는 건 가격 변동이 적다는 뜻이다.

크게 상승하기도 하지만, 하락하기도 한다.

꼬리가 짧을 때는 해당 종목에 그럴 만한 이슈가 없다, 거래량이 적다, 시세 전체에 변화가 적다는 등 요인이 다양하다.

다만 이것이 오래 갈 때도 있고, 겨우 며칠 만에 급변하기도 한다.

명심해야 할 점은 **작은 움직임이 오래 갈 때는 대개 에너지가 쌓이다가 마침내 폭발하는 경우가 많다는 점이다.**

'변동이 없으니 재미없다'라는 건 큰 착각이다.

오히려 다음에 올 큰 변동을 예측하고 침착하게 매수해 두는 것도 하나의 방법이다.

주가가 움직이지 않을 때는 '쉬고 있는 것'이므로, 해당

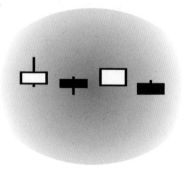

종목의 실적과 적정가격, 장래성 등을 꼼꼼히 살펴볼 좋은 기회다.

화려하게 움직이는 종목에만 투자하면, 누군가가 이익을 실현하는 데 돈을 내는 것이나 다름없다.

움직임이 적을 때가 적절한 전환점이다.

이때가 바로 기회라고 여기시라.

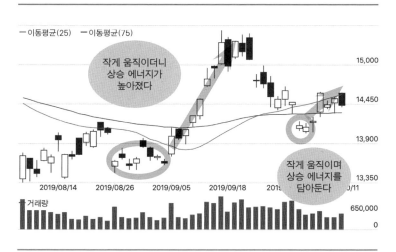

▼ **6594 일본덴산**

단 한 개의 캔들에서 시세가 보인다

16 / 팽이형에 담긴 메시지를 읽는다

    흔히 '팽이형'이라고 부르는 캔들은 글자 그대로 **비교적 작은 몸통에 위아래로 꼬리가 나와 있는 모양**을 말한다.

    이는 앞서 이야기한 '작은 음봉'과 비슷한데, 아주 작지는 않아서 거래량은 고만고만하며 추세선이 한 방향으로 나오는 경우가 많다.

    다만 팽이형 캔들은 매도세와 매수세가 경합 상태일 때 나타나므로, **곧 추세선 전환이 있을 것**이라고 기억해 두시라.

    캔들이 팽이형을 보일 때는 주가가 오르락내리락하지만, 어느 한 지점에서 주가가 억눌려 있을 때다.

    그러나 억눌려 있는 만큼, 매매에서 어느 한쪽으로 균형이 무너지면 상승하든 하락하든 한쪽으로 기운다.

    팽이형 캔들이 나왔을 때는 다음에 추세선 전환을 대비하여 마음의 준비를 해두어야 한다.

    어차피 오르려니 하고 내버려두면, 이내 잠재이익이 줄어들든가 큰 손실을 떠안게 될지도 모른다.

    반대의 상황도 가능하다. 최저가에서 전환하여 상승국면으로 접어

들 가능성이 있다. 따라서 매매 적기로 상승하기 전 매집할 포인트
이기도 하다.

지나치게 오르기 전, 매매 시기를 암시하는 중요한 지표인 셈
이다.

물론 팽이형 하나만 보기보다는 몇몇 신호를 함께 보고 판단해야
한다. 다만 매수세와 매도세가 팽팽히 맞서면서 팽이형이 나오면,
결국 역학관계의 균형이 무너질 가능성이 있음을 알아두셨으면 좋
겠다.

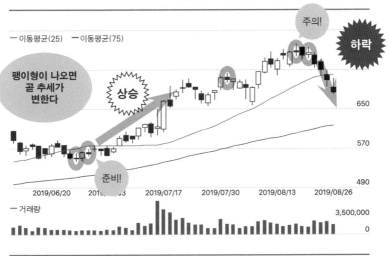

▼ 2930 기타노다츠진 코프

단 한 개의 캔들에서 시세가 보인다

17 / 가로일자형 캔들은 상한가가 대부분이다

장외증권시장의 종목에는 '가로일자형' 캔들이 많다.

이는 하루 중에 **종가만으로 주가가 성립하는 '상한가 가격제한폭'**을 말한다.

장외증권시장에서는 부동주가 적으므로 매수가 많이 모이면 눈 깜짝할 사이에 매수세가 압도적으로 커진다. 주식 수가 같은 매도 주문이 없으므로 최종 거래 시에 비례하여 배분한다.

강력한 매수세가 개입하고 인기가 생기면, 상한가는 하루에 끝나지 않고 이틀이고 사흘이고 계속되기도 한다.

그러면 일자형 캔들은 며칠이나 계속되고 가격이 상당히 오르고서야 통상적인 매매가 성립한다.

주가는 어디까지나 수요와 공급의 주식 수가 일치해야 성립한다. 매수가 지나치게 많아지기 전에는 고점을 목표로 삼는다.

다만 **소형 종목의 주가는 매수 일색에서 이익 실현을 위한 매수 일색으로 잘 전환된다**

는 게 **특징**이다.

상한가 후에 하한가를 기록하기 쉽다.

상한가가 되는 종목은 하루에 80엔 이상, 100엔 이상, 300엔 이상이 되므로 개인 투자자가 몰려들기 마련이지만, 이를 조정하는 것은 대게 세력이다.

참가하더라도 어지간히 고수가 아닌 한 이익을 얻기는 쉽지 않다. **가까이하지 않는 게 상책이다.**

▼ **6190 휘닉스바이오**

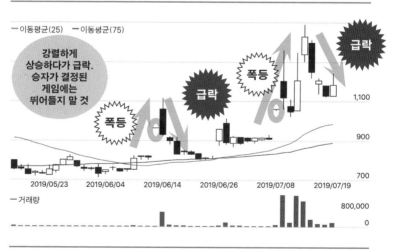

단 한 개의 캔들에서 시세가 보인다

3장

캔들 조합으로 예측하다

차트는 감정에 휘둘리기 쉬운 시장에서
지극히 냉정한 시사점을 보여준다.
리차드 드라이하우스(Richard Herman Driehaus)

시세는 다수파가 이해한 순간부터 반등하기 시작한다.

18 / 흑운형은 위치가 문제다

제2장에서는 캔들 한 개에 관해서 이야기했는데, 캔들이 두 개 있으면 하루의 움직임을 보고 다음 날 주가가 어떻게 변동할지, 향후 주가의 방향성이 보인다.

맨 먼저 '흑운형'이다.

전일 주가가 올라서 장대 양봉을 보이고, 다음 날 아침은 전날 종가보다도 높게 시작했으나 하락하여 당일 종가는 전일 양봉 범위 안에 들어간 형태다.

기세 좋게 상승한 종목이, 자 앞으로 어떻게 될 것인가. 여기가 고민할 대목이다.

장대 양봉 후 양봉이 나온다면 고민할 필요도 없다.

그러나 음봉이 나왔을 때가 문제다. 이를 제대로 해석하지 못하면 모처럼의 이익을 실현하지도 못한 채 줄어들고 만다.

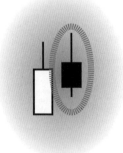

여기서 말하는 '흑운형'은 매우 주의해야 하는 캔들 조합이다.

전날 장대 양봉이 나왔는데, **다음 날에 전날 기세를 타고 고가로 시**작했지만, 이익 실현을 위한 매도가 많아진 탓인지 주가는 질질 끌려 내려갔고 결국 전일 주가의 절반까지 떨어져 버렸다. 이것이 표현되어 있다.

약간의 내림세라면 신경 쓰지 않아도 되지만, **절반 혹은 그 이상 하락했다면** '매도가 많다'라고 여기고 투자자가 일제히 이익 실현에 나설지도 모른다.

즉 전날 양봉과 다음 날 오른 가격으로 시작한 주가가 고점에 올랐다가 내려오는 것이다.

흑운형은 상승 후 휴식, 하락 신호. 다만 초동이라면 **눌림목에서 매**수할 기회는 된다.

▼ 2181 퍼솔홀딩스

　　　　　　　　　　　　　　캔들 조합으로 예측하다

19 / 연속선과 불연속선

일반적으로 주가의 움직임은 끊임이 없다.

즉 전날 캔들과 붙지도 떨어지지도 않으며 고점이나 저점이 끊이지 않고 이어진다.

여기에 보이는 '보합세'에서는 대체로 양봉, 음봉이 반복해서 나온다.

조금씩 조금씩 움직이며, 투자자를 애타게 만든다. 이렇게 캔들이 옆으로 연이어 있는 것이 이른바 **연속선**이다.

그러나 주가는 급변하기도 한다.

전날 주가와 겹치지 않는 가격으로 캔들이 툭 튀어나온다.

즉 연속했던 선이 끊어지고 **불연속선**이 출현한다.

여기가 바로 기회다.

불연속선이란 어떤 종목에서든 생겨난다. 보합세 후에는 돌연 오르거나 내린다.

캔들이 위로 튀어나왔다

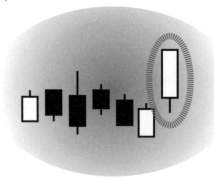

면 '강'하다는 신호이므로 필자라면 **다음 날 아침에 성립가주문**으로 들어간다. 지정가 매매는 성립한다는 보장이 없으므로 헛수고다.

　투자자가 연속선 움직임에 조급해 하면 다음 격변, 즉 급격한 상승의 과실을 얻지 못한다.

　그런 의미에서 보면 투자는 인내심과 싸움이다.

　필자는 성격이 급한 탓에 갓 투자를 시작했을 무렵에는 몇 번이나 고배를 마셨는지 모른다.

　불연속선이 나오는, 그때를 기다릴 줄 아는 배짱을 키우자.

▼ 4716 오라클 재팬

캔들 조합으로 예측하다

20 / 갭 상승, 갭 하락의 의미

주가의 방향은 매매의 균형이 크게 무너졌을 때 '갭'이 생겨난다.
이른바 전날 캔들에서 '창'이 열린 형태다.

매수가 극단적으로 많아지면 쑥 올라가고, 거꾸로 이익 실현이나
던지기가 많으면 푹 떨어진다.

물론 통상적으로 어지간한 품귀현상이나 소형 종목이 아닌 한,
그렇게 가격이 뛰지는 않는다.

그러나 보합세, 횡형 움직임이 계속되는 중에 에너지가 쌓이고
어떤 이슈가 계기가 되면 급격히 오르거나 내린다.

여기에 투자자의 기
분이 반영된다.

지극히 좋은
뉴스, 긍정적인
실적 발표가
있으면, 매매
라는 수요공급
의 균형이 무너
지면서 주가 위

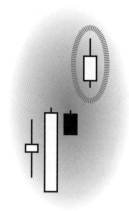

치는 크게 벌어진다.

여기에 예로 든 캔들을 보면, 하락 도중에 반발하는 장대 양봉이 나타나고 주가가 위로 뛰어올랐다. 기세가 얼마나 좋았는지 인상 깊다.

매수 수요가 커지고 주가가 시작가부터 '매도세 없이 매수세만 지속'하며 위로 뛰어 오르고, 더욱 고점을 향해 간다.

특히 위로 가기 위해서는 이슈도 커야 한다.

거꾸로 나쁜 이슈가 있으면 장대 음봉을 보이며 '매도세만 지속'하다가 주가가 아래로 뚝 떨어진다. 갭 하락의 전형적인 움직임이다.

이처럼 캔들의 조합에는 충분히 주의하며 향후 움직임을 지켜봐야 한다.

▼ 7122 긴키사료

http://minkabu.jp

캔들 조합으로 예측하다

21 / 상승 갭 타스키형

타스키는 상승국면 도중에 양봉을 마치 부정이라도 하듯이 음봉이 튀어나온 것을 말한다.

이른바 **'캔들 반전'**이다.

왜 이런 형태로 캔들이 나타나는 걸까 생각해보면, 이 신호가 보여주는 답은 있다.

투자에서 이익을 실현하기 위한 매도는 필수다.

매도를 소화하기 위해 주가가 일시적으로 내려간다.

사실 이러한 움직임이 주가의 고점을 높인다.

매수만 하면 산 사람만 생기니 '매도 대기자'가 많아진다.

이른바 '무거운 상태'로, 주가 상승을 힘겹게 만든다.

이렇게 캔들이 반전하면서 매도가 나오면 산 사람도 있지만, 파는 사람도 있다는 것을 나타낸다.

판 사람은 다음에 사게 될 것이다. 새로운 매수 방식의 등장이다.

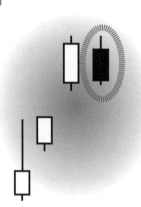

매매 회전으로 점차 가격은 고점을 향해 간다.

이러한 순환이 주가 상승을 가능하게 만든다. 그래서 이 신호는 제대로 챙겨봐야 한다.

눌림목매수 포인트다.

바닥을 치고 오르기 시작할 때, 이익을 얻기 위한 하락이 소폭 발생하면 '눌림목매수' 기회가 된다.

'음봉은 좋지 않다'라는 트라우마에서 벗어나시라. 음봉은 간혹 주가의 기세를 보충해야 할 때 등장한다.

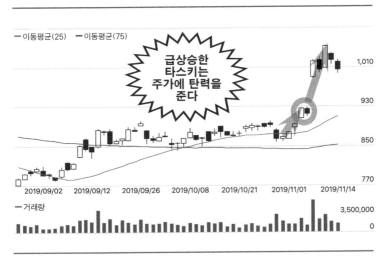

▼ **3099 이세탄 미츠코시**

급상승한 타스키는 주가에 탄력을 준다

캔들 조합으로 예측하다

22 / 하락 갭
타스키형

상승세와는 반대로 하락 중에 음봉이 연속하고 양봉이 반전으로 나오는 것을 말한다.

주가가 하락하다 보면 왕왕 '너무 내려갔다'라며 '가격에 홀린' 매수가 발생한다.

이때 매수해도 좋은 일은 없으므로 독자 여러분께서는 주의하길 바란다. 그러나 하락 중에 '아무래도 너무 싼 거 아닌가?'라며 매수가 등장하는 곳 역시 주식시장이디.

그러나 무참하게도 시세는 하락하기 시작하면 브레이크가 걸리지 않는다.

어중간한 '양봉', 즉 매수가 들어오면 던지기 이슈가 증가하게 되고 **하락을 가속**한다.

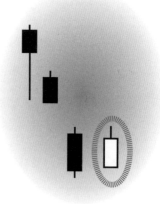

즉 하락 중에 반발하며 등장하는 양봉은 결코 좋은 신호가 아니다. **주가를 지지하거나 반등으로는 절대 이어지지 않는다.**

군이 말하자면, 내림세를 가속하기 위한 '연료'가 될 뿐이다.

'가격에 홀려 사들이지는 마시라'라는 교훈, 경고의 '타스키형'이
다.

최근 주식 추세는 한차례 하강 곡선을 그리고 있으므로 쉽게 멈
추지는 않는다.

'아무리 그래도'라는 예상을 뛰어넘어 계속 하락한다.

그러므로 다음에 이야기할 **'하락 멈춤'** 신호가 보일 때까지는 나서
지 마시라.

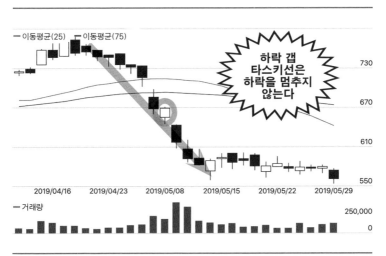

▼ 7280 미츠바

하락 갭
타스키선은
하락을 멈추지
않는다

캔들 조합으로 예측하다

23 / 꼬리가 하나인 장대봉은 세기를 나타낸다

주가가 얼마간 내림세를 유지하며 매도가 끊긴 단계에서는 앞을 내다보는 소량매수에 나서는 투자자가 나타난다.

매도가 약해진 단계에서 약간 매수 포지션이 많아진 종목에 관해서 시장은 일제히 '매수 유리'라고 판단하는 쪽으로 기운다.

이런 상황 속에 만들어지는 것이 **음봉을 뒤엎는 양봉** 혹은 **아래꼬리가 있는 강한 양봉**이다.

이를 **장대봉**이라고 하는데, 대개 내바닥이나 눌림목에서 나오는 **하한가 신호**이며, 이때를 놓치지 말고 **매수하거나 매수량을 늘리면** 투자에서의 실패는 줄어든다.

주식매매는 항상 역학관계가 어느 한쪽으로 기울어져 있으므로, 전환점을 재빠르게 구분해 내는 기술을 익혀야 승리할 수 있다.

즉 **하락하는 종목을 주시하는** '**역(逆)거래**' 수법으로, **저점을 노려서 매도에 나서므로** 위험이 지극히 적다는 것을 알 수 있다.

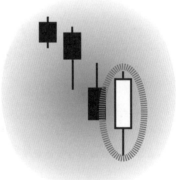

반대로 순(順)거래는 상승 중인 종목에 편승하는 수법인데, 이익 실현을 위한 매도에 밀리든가, 어떤 계기로 급락할 처지에 몰릴 가 능성이 크다. 급락하여 잠재손실이 발생하면 매수한 종목이 이익을 낼 때까지 시간이 필요하다. 유리한 투자 스타일이라고는 할 수 없 다.

여기에서 예로 든 저점이나 최저가에서의 '장대봉'을 기억해 두 면 종목 매수 기회를 놓치지 않게 되고 결과적으로 거래가 유리하 게 성립된다.

▼ 3635 코에이테크모홀딩스

캔들 조합으로 예측하다

24 / '망치형'이 저가에서 나오면

  망치형은 '아래꼬리가 길게 뻗은 음봉 혹은 양봉'을 가리킨다. 위꼬리가 없어서 교수형이라고도 부른다. (망치형 캔들 중에서도 상승추세에서 발행하는 경우를 '교수형'이라고 함)

  저점까지 주가가 내려갔지만, 그 가격으로는 '저평가되었다'라는 느낌을 주며, 던지기 매도 후에 매수가 늘어나고 그 이후 오르는 경우가 많다.

  여기에서는 음봉(아래꼬리 음봉)이 보이는데, 실체가 양봉이든 음봉이든 큰 의미는 없다.

  이 신호를 본 매수 대기 투자가가 슬금슬금 떨어지다가 '더는 떨어지지 않을 것'이라며 움직이기 시작하면, **주가는 밀려 오른다.**

  이론적으로 하락 후 반발은 전체 시세에 영향을 받는다. 급락 후에는 80~90% 확률로 주가는 오른다. 이는 지극히 유리한 상황이므로 이 포지

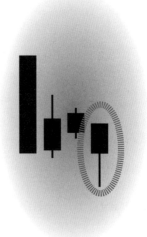

선을 노려야 한다. (물론 파산 등 개별 이슈가 없다는 전제 하에)

더욱이 **저점에서 반발한 종목의 당면 추세는 상승하기 쉽다.**

이기는 사람은 이렇게 큰 폭의 하락 시기에서 개별 캔들의 움직임을 주시한다.

흉내내볼 만한 방법이다.

하락 시 매수는 상승 시 잠재이익을 더욱 크게 한다. 이렇게 역거래 투자를 하면 자금은 점차 눈덩이처럼 불어난다.

투자에서 이기려면 매일 매매하지 않고 하락할 때 사들인다.

시장 심리를 거슬러가야 결과가 좋다.

▼ 2168 파소나그룹

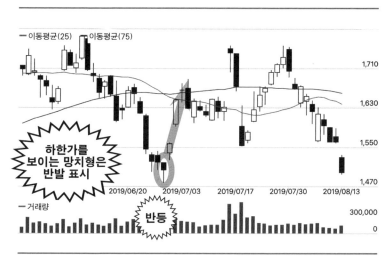

캔들 조합으로 예측하다

25 / '갭 삼법형'은 방향전환

'갭 삼법형'은 저점에서 기세 좋게 상승하는 3개의 양봉이 조건이다. '꼬리 없는 장대 양봉'이든 '위꼬리 양봉'이든 형태는 상관없다.

핵심은 저점에서의 매수가 단연코 증가하고 매수가 매수를 부르며 양봉이 3개 이상 연속해서 나타나는 것이다.

이러한 캔들 조합이 나왔을 때는, 저점을 확인하고 난 뒤의 상승이므로 매수해도 걱정이 없다.

물론 언젠가는 고점 한계에 부딪히겠지만, 상승 초반의 '튀어나오는' 시기는 노려볼 만하다.

욕심을 내자면 첫 번째 양봉에 올라탔으면 좋겠다. **빨리 알아차려서 신속히 행동에 나서는 것이 승리의 철칙**이다. 소극적으로 투자하는 사람은 양봉이 세 개나 나오고서야 겨우 엉덩이를 일으킨다. 썩 바람직한 자세는 아니다.

여기에서 예로 든 데이터를 보면,

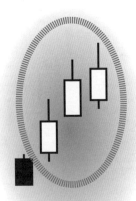

초동에서 모두 기세 있게 갭을 만들면서 주가가 위로 뛰었다.

그만큼 매수세가 강하다는 것을 알 수 있다.

주가 경향을 보자면, 세 개든 네 개든 장대 양봉이 나오면서 오른 주가는 언제 대량으로 이익 실현 매도가 나와도 이상할 게 없다.

즉 오르면 오를수록, 하락 위험은 커진다.

어차피 세력이 노린 대로 매수하는 것이다. 노렸을 정도니까 환매 시기도 꼼꼼히 계산하고 있다.

모쪼록, 펀드 등의 이익 실현 시기에 매수하는 절호의 먹잇감만은 되지 마시라.

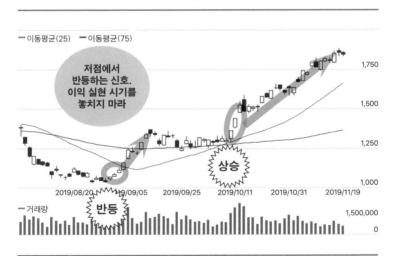

▼ 9107 가와사키기선

캔들 조합으로 예측하다

26 / 장악형은 천정, 저점의 징조

캔들에 '**장악형**'이라는 게 있다. 전날 캔들을 완전히 덮는 형태라서 '**감싸 안았다**'라고도 표현한다.

캔들은 매매에 참여하는 많은 투자자의 모든 매매 추이를 그린 것으로, 각 종목에 대한 수요공급의 관계가 명확히 드러난다.

여기에 거짓이란 있을 수 없다.

'우리끼리만'이라는 식으로 귀에 흘러들어오는 증권회사의 영업이나 인터넷 정보와는 달리, 캔들은 누구든 언제든 볼 수 있는 열린 정보다.

그중에서 현명한 투자자는 캔들에서 보이는 여러 움직임을 살펴보고 '앞'을 예측, 매매를

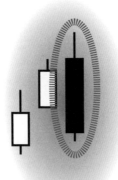 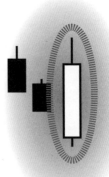

전날 음봉을 다음 날 긴 음봉이 감싸도 '장악형'임에는 변함이 없지만, 전날 음봉을 양봉이 감쌀 때가 매수 시기, 전날 양봉을 음봉이 안았을 때가 손에서 놔야 할 때다.

판단한다.

예를 들면 장악형 중에서도 '**하락 장악형**', '**상승 장악형**'이 중요
하다.

저점에서 음봉을 장대 양봉이 감싼다면 해당 종목을 매수하려는 세
력이 많다는 뜻이며, 이를 계기로 주가가 상승해 갈 가능성이 크다.
서둘러 매수해 두면 꽤 벌 것이다.

고점에서 양봉을 장대 음봉이 감싸 안으면 매도가 많다는 뜻이므로
이익 실현에 나선다. 누가 먼저랄 것도 없이 보유한 종목을 매도하
므로 **주가는 하락**하게 될 것이다. 보유한 주식에 이러한 형태가 나
타났을 때는 여러분도 흐름에 따르셔야 한다.

▼ **7751 캐논**

캔들 조합으로 예측하다

27 / '상승 잉태형'은 상승 포인트

음봉이 이어지는 중에 **큰 음봉 뒤에 작은 양봉**이 나오기도 한다. 앞의 장악형과 정반대 유형이다.

이는 지극히 '깊은 뜻'이 있는 신호가 될 가능성이 있다.

새로운 시세가 싹을 틔웠다, 혹은 새 생명이 탄생했다고도 표현한다.

한없이 추락하는 것처럼 보여도, 파산하지 않는 한 주가는 언젠가 저평가되었다며 반등하게 된다.

이렇게 반등하는 계기가 되는 캔들 조합 중 하나가 **'상승 잉태형'**이다.

큰 음봉 다음에 작은 양봉이 나타나면, 약세장에 맞서는 매수의 존재가 눈에 띄게 된다.

장대 음봉 혹은 양봉과 비교하면 잉태형의 존재는 너무나도 작다.

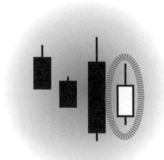

그러나 작은 징조 속에 일어나는 이변을 알아차리고 자금을 투자할 수 있다면, 투자로 자산을 늘릴 수 있다.

투자자 대부분은 주가가 기세 좋게 상승하고 거래량이 늘 때까지 관망하기 마련이지만, 그래서는 늦을 뿐 아니라 불리해진다. 모두가 당연하게 판단하는 단계에서 행동하면 이미 늦다.

하락한 주가의 작은 징조에 상승이나 반등의 움직임이 있는지 눈여겨보시라.

▼ **2477 데마이라즈**

이동평균(25)　이동평균(75)

반등

반등

작은 양봉의 존재를 알아차리면 착실하게 이익을 낼 수 있다

4,900
4,300
3,700
3,100

2019/08/26　2019/09/06　2019/　　　2019/10/18　2019/11/01

거래량

150,000
0

http://minkabu.jp

캔들 조합으로 예측하다

28 / '공간' 읽는 법

캔들과 캔들 사이에 생기는 '공간' 즉 '창'은 왜 생기는 걸까.
바로 수급의 괴리 때문이다.

위쪽으로 생기면 압도적인 '매수 포지션'이 있을 때다. 매도가 적은 탓에 매매는 '매수 조짐'을 보이고, 매수세가 일단락되고 주가가 전날 캔들에서 크게 공간을 만들며 위로 오른다.

거꾸로 하락할 때는 매수를 압도할 만큼 매도가 많아서 '매도 조짐'이 되며, 주가는 전날보다 창이 크게 열리며 내려간다.

이처럼 **주가변동이 크고 기세가 일방적일 때**는 공간이 생긴다.

투자자 심리는 상승과 하락, 어느 쪽으로든 일방적으로 흔들리는 경향이 있는데, 이는 오늘날 주식시장의 특징이

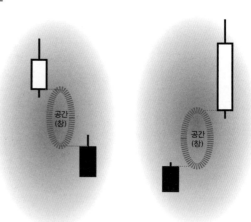

공간
(창)

공간
(창)

기도 하다.

이렇게 격렬한 움직임에는 무엇보다 냉정하게 대처해야 한다.

'**극단으로 상승할 때는 이익 실현**'을 '**극단으로 하락할 때는 매수에 나서자.**'

이러한 역거래 자세가 주식투자에서 성공하는 비결이다.

창이 열리는 것은 주가의 방향이나 기세를 나타내며 '상승 신호', '하락 신호'의 중요한 지표다. 겨우 두 개뿐인 캔들의 조합이라고 무시하지 마시라.

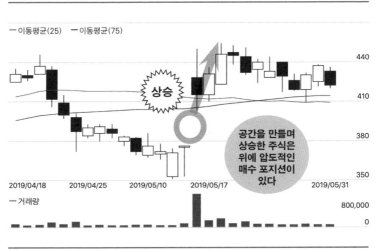

▼ 6629 테크노호라이즌 홀딩스

캔들 조합으로 예측하다

29 / 긴 시세 속 '흑삼병'

이번에는 '**흑삼병**'을 말하고자 한다. **최고가 혹은 보합세 후에 음봉이 세 개 연속** 이어지면서 모습을 드러낸다.

문자 그대로, 마치 세 마리 까마귀가 하늘을 나는 것처럼 보인다.

강한 매도 압박, 약한 매수세를 나타내므로 **더욱 하락할 것**으로 예측한다.

주가가 오르고 내리고는 참가자의 마음에 큰 영향을 받는다.

'약하네, 아직 살 수는 없지'라고 생각한다면 슬금슬금 내려간다.

반대로 저점에서 매수가 많고, 이를 암시하는 캔들이 나타나면, 준비하고 있던 사람들이 '소량매수'에 나서므로 주가의 내림세가 멈춘다.

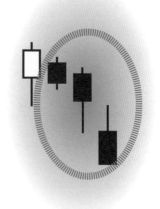

투자 참가자는 의도적으로 주가를 움직이는 면도 있지만, 모든 것을 뒤흔들지는 못하므로 차트를 보고 해석한 뒤 매매를 행동에 옮긴다.

그러므로 대중의 눈에 드러난 캔들은 무시하지 못한다.

물론 캔들로 주가의 변동을 완전히 예측하지 못하지만, 해석 기술에 차이가 있으므로 승자와 패자가 생긴다.

승리한 투자자들은 '차트 형태가 이러하니까, 확률적으로 다음은 오른다'라는 식의 데이터 지상주의가 아니라, **'이 신호를 본 다른 투자자들이 이렇게 움직이지 않을까'하고 심리를 헤아리며 이면을 읽는다.**

시세에서 이기려면, 모든 신호 패턴을 내 것으로 만들어야만 한다.

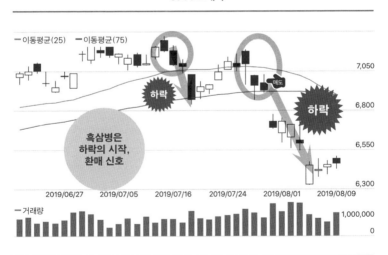

▼6971 교세라

캔들 조합으로 예측하다

30 / 회복세에 매도 '상승 삼법형'

주가가 하락 중에 돌연 추세를 뒤엎을만한 장대 양봉이 나올 때가 있다.

이를 '상승 삼법형'이라고 한다.

기본적으로는 **슬금슬금 세 번 하락** 후에 **캔들을 감싸며 뒤엎을 것 같은 강렬한 상승, 즉 장대 양봉**이 나오면 시세 방향은 **상승추세로 바뀐다**고 보는 게 옳다.

어차피 주가는 '상승', '보합', '하락'의 셋 중 하나다.

이 중에서 어느 것인지를 항상 읽어낼 줄 알아야 주식거래에서 성공할 수 있다.

여기서 예로 든 종목은 별다른 이슈도 큰 인기도 없이 팔렸는데, 갑자기 큰 호재가 났든가 혹은 특정 세력의 매수에 투자자가 편승했다는 식의 움직임이다.

투자자는 주가에 '기세가 있다'라거나 '오를 것 같다'라는 신호가 있으면, 순식간에 매수하러 모여든다.

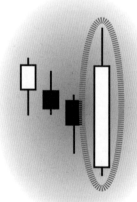

이렇게 모여들어 오른 캔들과 급증한 거래량을 보고 더욱 매수가 몰린다.

연쇄반응처럼, 주가가 변동한다.

'미인투표이론'라는 말이 있는데, **거래량 급증, 장대 양봉**은 인기가 생겼다는 '확실한 징조'다.

여기에서는 앞에서의 하락에서 반등하려는 듯이 양봉이 커지며 대중의 눈에 띈다.

이를 계기로 더욱 매수세가 몰린다. 장기간 상승인가, 단기간 상승인가 하는 문제는 당시 시세에 따라 달라진다.

투자는 기세에 잘 타야 한다.

여기에서는 갑작스러운 매수세이므로, 이에 잘 올라타면 성공확률은 높다. 놓쳐서는 안 되는 신호다.

▼ **2269 메이지홀딩스**

캔들 조합으로 예측하다

4장

매수 적기를 찾으려면 여기에 주목

걸지 않으면 이길 일도 없다.
래리 하이트(Larry Hite)

한 번 벌었다고 만끽해서는 안 된다.
무엇보다 꾸준히 이익을 내는 일이 가장 힘들다.
마크 웨인스타인(Mark Weinstein)

31 / '급락 후 두 개의 아래꼬리'는 기회

주가는 극단적으로 표현하면, '오르든가 떨어지든가' 둘 중 하나다.

때를 잘 노려서 저가에 매수, 반발로 이익을 축적해 가려면 이에 걸맞은 주가 움직임을 발견해야만 한다.

여기에서 예로 든 움직임은 **'기막힌 최저가 매수'가 언제인지 매우 쉽게 찾을 수 있는 기회**라고 할 수 있다.

이 종목은 고점에서부터 4개의 장대 음봉을 붙이고 대폭락했다.

아래로 뚝 떨어진 후 두 개의 아래꼬리가 나왔다.

이는 '매도의 씨가 말랐다', '매도세의 끝'을 의미한다.

이제 매수할 일만 남았다.

매매의 균형은 이렇게 만들어진다.

이후에는 캔들의 저점을 잘 활용한 듯이 급한 반발 움직임을 보였다. 주가가 한번 오르기

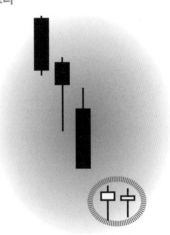

시작하면 매수하려는 사람도 그렇지만 신용 공매도를 청산(환매수 결제)하려는 쪽도 급해지므로, 여기에서처럼 '양봉이 연속'한다.

많은 종목에서 주가는 대개 이렇게 움직인다. 매수하면서 시작한 사람은 패턴을 잘 활용하여 효율적이고 유일하게 매수하여 이익을 실현하기를 바란다.

단 하나의 패턴만 기억해 두어도 상당한 양의 자산소득을 확보할 수 있다.

여기저기 기웃대지 않고 이때다 싶을 때 과감하게 나선다.

이 방법이 효율이 높다.

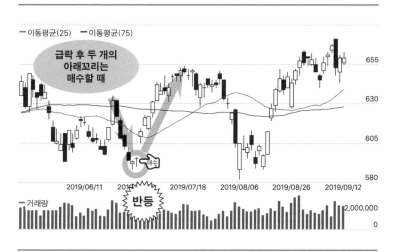

▼ 3289 도큐부동산홀딩스

급락 후 두 개의 아래꼬리는 매수할 때

반등

http://minkabu.jp

매수 적기를 찾으려면 여기에 주목

32 / 저점 부근에서의 별형, 유사선은 매수

주가에 기세가 없이 내려가면 매수가 적어지며 손실까지도 감내해야 하는 손절매매도 종반에 가까워진다. 가끔은 창을 열며 팔린다. 이 종목에 대한 견해가 매우 어두워진다.

그러나 '어둠이 깊을수록 새벽은 가깝다.'

이 말처럼 언젠가 바닥을 찍는다.

어디가 바닥인지는 소용돌이 속에 있는 당사자만 알겠지만, 저점 혹은 매도익 끝을 알리는 신호가 있기는 있다.

그중 하나가 **'샛별형'**이다.

매도가 정점을 맞이하고 전체가 매도 일색으로 도배되며 아래로 뚝 떨어진다.

즉 창을 열며 캔들이 나타난다.

매수가 적으므로 주가는 내려가지만, 매도 정점에 이르면 **아래로 뚝 떨어져 '길 잃은 아이'와 같은 캔들**이 나온다.

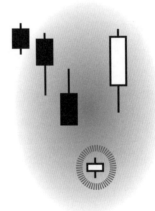

사실, 이것이 **최후의 매도**로 매도가 끊기면 약간의 매수세로도 주가가 위로 날아오른다.

이후 매매 균형은 '매수'로 기운다.

매도가 줄어든 후의 매수이므로, 잠깐만 잠깐만하는 새에 양봉이 등장한다.

문제는 참가자가 '바닥을 찍었다'라고 느껴야 한다. 그래야 지금까지 매도했던 사람도 매수로 돌아선다. 이때 매매의 역학관계는 매수세로 전환하므로 상승에 탄력이 붙는다.

정말 다시 오지 않을 '매수' 기회다.

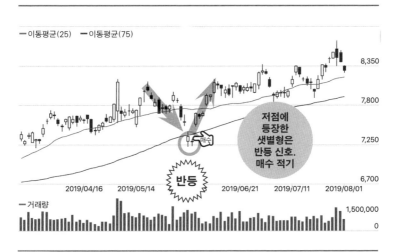

▼ 7741 호야

매수 적기를 찾으려면 여기에 주목

33 / '보합세'에서 갭 상승

주가가 상승하기 전 신호에 '보합세 탈출'이 있다.

위로든 아래로든 크게 움직이지 않고 일정 기간 꾸물꾸물한 뒤에 크게 움직인다.

이는 저점이든 중간이든 상관없지만, 일정한 시세차익을 낼 시기로 활용하기 바란다.

'보합세에서의 상승'에 왜 기세를 발휘하느냐, 단숨에 고점을 탈환하는 게 아니리 일정한 가격 폭에 산혀 움직이며 **에너지가 크게 축적**되기 때문이다.

물론 이때부터 오르기만 하지는 않지만, 내려가지 않고 위로 '폭발'했을 때는 지금까지 혼조세 속에 매매하던 세력이 순식간에 고점을 잡는다, 고가에 매수하려는 분위기가 형성되므로 주가에 힘이 붙는다.

오랫동안 갇혀서 버텼

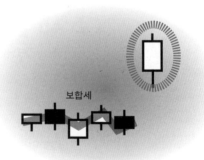

보합세

던 만큼 에너지가 축적되므로 폭발력이 있는 것이다.

오래된 주식 격언에 '보합세에서 벗어날 때 붙어라'라는 말이 있다.

일단 보합세에서 벗어난 종목이라면, 안이하게 이익을 실현에 나서지 말고 대천장까지 느긋하게 기다리셨으면 한다.

단기매매로 이익을 실현하는 사람은 단타라서 위험성은 적을지 몰라도, '벌기도 잃기도' 하며 큰 성과는 얻지 못한다.

결과적으로 주식투자에서 성과는 잘 오르지 않는 법이다.

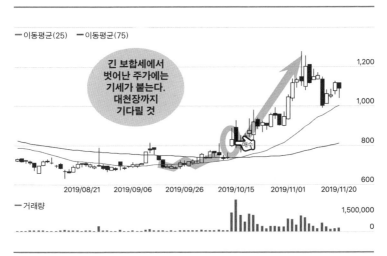

▼ 3760 케이브

긴 보합세에서 벗어난 주가에는 기세가 붙는다. 대천장까지 기다릴 것

http://minkabu.jp

34 / 냄비 바닥과 같은 움직임, 상승한다면, 매수

　주가가 저점 부근에서 보이는 모양은 다양하다. 특별히 아래꼬리나 장대 양봉도 없이 **괜히 바닥을 찍는 종목도** 있다.

　여기에서 이야기하는 사례는 바닥 부근에서 마치 '냄비 바닥'과 같은 형태로 바닥을 찍은 경우다.

　주가가 크게 하락하면, 이익 실현이나 신용거래의 강제 결제, 손절매매 사태가 벌어진다.

　투자자는 손쓸 도리도 없이 의도치 않은 매도에 내몰리게 된다.

　이런 상황에서 특별히 유망하지도 않은 종목은 매도 압박 속에 질질 끌려 내려간다.

　여기에서 예로든 캔들의 저점 사례가 바로 그렇다.

　다만 이러한 형태에서 '바닥매수'는 그리 쉬운 일이 아니다.

　음봉을 몇 개나 붙이며 '더는 끝인가?' 할 때, 작은 음봉이 연속 등장하며 극단적으로 팔리지도 않으면서 횡보, **냄비 바닥과 같은 형태로 매도를 흡수한다.**

　그러나 여기에서 부정적인 사고로 매도가 끊긴다.

　필자도 성격이 급해서, 이처럼 질질 내려갈 때 휙 내다 팔고는 이어지는 회복세에 억울했던 적도 있다. 투자자는 항상 속기 마련이다.

이를 예방하기 위해서라도 **상투를 잡지 말고 섣부른 물타기식 투자로 상처를 더욱 덧나게 하지 마시라.**

주식의 기세는 일단 한 방향으로 움직이기 시작하면 갈 데까지 가야 멈추는 법이다.

이처럼 바닥에서 벗어날 방법을 알아두면, 향후 반격 기회를 잡을 수 있다.

최악의 시기를 극복하는 노하우가 필요하다.

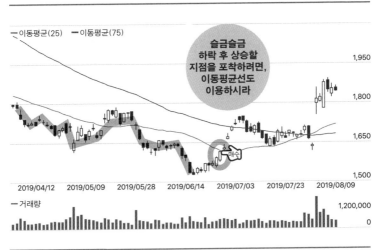

▼ 2212 야마자키제빵

매수 적기를 찾으려면 여기에 주목

35 / 장악형이 나온 후 갭 상승은 매수

'장악형', '잉태형'이 나온 시점에서 즉시 매수에 나설 사람은 거의 없다.

전날 캔들을 감싸 안은 긴 캔들은 확실한 저점 신호이긴 하지만, 이후 '장악형'이 차트 도중에 등장하는 경우는 사실 얼마든지 있다.

그래서 단발로 봐도 판단하기 어려울 때가 있다.

그 때문에 '매수 불가', '사지 않겠다'라고 해도 어쩔 수 없다.

이때 **절대로 놓쳐서는 안 되는 매수 기회**를 알려드리겠다.

바로 **장악형 후 연속양봉**이나 '**갭 상승 양봉**'이 보일 때가 있다.

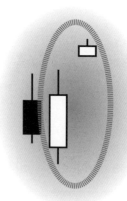

이는 저점에서의 반발이다.

즉 상승의 시작이다.

바닥에서의 반발은 99% 확정이다.

이 사인이 나오면 자금을 대량으로 투입해야 한다.

이것이 캔들의 '바닥을 해석하는' 묘미다.

이때만 놓치지 않고 잡았다면 이제 가만두어도 된다.

주가는 점차 고점을 잡아갈 것이다. 투자자 중에는 고점을 찍을 때마다 자극을 받아 매수로 돌아서는 사람이 많아진다.

전문적으로 투자하는 사람은 이렇게 첫 '매수 포인트'를 놓치지 않는다.

이것만 되면, 주식투자에서 거대한 이익을 약속받은 것이나 다름 없다.

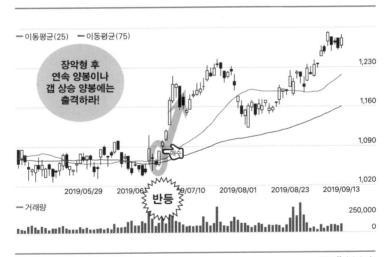

▼ 8251 파르코²

2- 주식회사 파르코는 2020년 3월 18일자로 상장 폐지됨

매수 적기를 찾으려면 여기에 주목

36 / 상승 '샛별형'을 확인하라

주식이 오르기 시작하는 단계에서 돌연 작은 음봉이 길 잃은 아이처럼 옆으로 나란히 설 때가 있다.

이를 '두 개 샛별', '세 개 샛별'이라고 하며, 별이 등장한 위치에서 상승세의 세기를 판단한다.

여기에 예로 든 캔들은 이동평균선을 돌파하기 전에 잠시 휴식하는 형태로 작은 양봉이 두 개, 작은 음봉이 한 개, 총합 세 개가 옆으로 줄지어 선다.

이는 '몸통'이라고도 하는데, 일중 주가의 움직임이 작다는 것은 일종의 '혼조세'로 볼 수 있으며, **강약이 대립 중임을 나타낸다.**

매도도 매수도 서로 버티고 있어서 값이 크게 오르지도 않고 크게 팔리지도 않는다.

어느 쪽으로 끌려갈지는 이후 주가에 나타난다.

아래로 크게 떨어지면 당면의 상승은 끝이지만, 이 종목은 **크게 창을 열며 올랐으므로** '상승 장악형'이다.

오전 시작가 단계에서 창이 열리며 강해진 기운을 보고 다음 캔들의 움직임을 읽을 수 있으므로, '여기서 매수다'라고 결단해야 한다.

이때의 결단 여부에 따라 주식거래의 성패가 좌우된다.

상승세를 재빨리 읽어내고 매수를 시작하면, 그전 저점에서의 반등 시에 매수하지 못했어도 이익이 날 가능성이 있다.

상승 기회를 확실히 자기 몫으로 만드는 일도 중요하다.

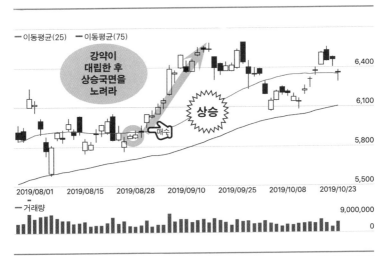

▼ **6758 소니**

매수 적기를 찾으려면 여기에 주목

37 / 이중바닥형의 두 바닥점은 최저가일 확률이 높다

주가 움직임에서 하락 후 복귀하는 데는 정해진 시나리오가 있다.

최저가에서 주가가 부활할 때 '이중바닥'이 매우 높은 빈도로 나타난다.

주가가 내려가서 마침내 바닥을 찍었을 때 참가한다고 이긴다는 보장은 없다.

또 한 번의 '이중바닥'을 대비해야만 한다.

물론 첫 번째 저점에서 기세 있게 상승하는 종목도 얼마든지 있다.

그러나 두 번째 바닥을 찍고 상승할 확률이 더 높다.

여기에 예로 든 종목
은 음봉이 연속 등
장한 후 큰 양봉이
나오며 저점을 암
시한다. 그러나 '곡
소리가 들리는' 매도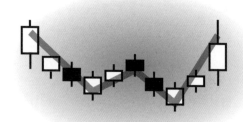

가 끊이지 않으며, 어느 정도 회복했을 때가 매도가 나오고, 또 한 번 바닥을 찍는다.

이렇게 **두 번째 저점에서는 대개 매도가 끊긴다.**

이번에는 매도 걱정 없이, 창이 열리며 주가는 반등하고 오를 뿐 아니라 갭 상승을 향해 간다.

이 같은 이중바닥 형태는 기간은 다르더라도 몇몇 개나 있으므로, 주가 하락 후 반등 및 상승 기회를 노릴 때 꼭 참고했으면 좋겠다.

주식투자는 얼마나 유리하게 사들이냐.

그중 하나가 확실하게 바닥을 찍은 후의 움직임이므로, 향후 주가가 위로 가는 시기를 뚝심 있게 지켜보는 게 좋다.

▼ 8035 도쿄일렉트론

매수 적기를 찾으려면 여기에 주목

38 / 삼중바닥에서 상승

　이중바닥은 저점 신호. 대개 첫 번째 신호다.

　이것이 주가의 바닥을 찍는 형태인데, 여기까지 내려왔으면 상승하겠지 하는 것이 '세 번째 바닥', '삼중바닥'이다.

　몇 번이나 확실한 저점을 지나며 매도를 흡수한다.

　'매도 고갈' 후에 오르는 확실한 저점 확인 신호다.

　이 종목에서는 슬금슬금 올라가던 상승이 멈추고 자게 빈빌하나가, **하락하던 이동평균선을 빠져나간 후에 매도에 눌린다.**

　아래로 뚝 떨어져서 '샛별'이 섞인 양봉 두 개가 나타나면서 당면한 바닥이 마무리되고, 마침내 골든크로스가 완성된다. 그런데도 끈질기게 매도가 나오고, 다시 음봉이 나타난다.

　시세에서는 인내가 중요하다.

　세 번째 눌림목 다음에 창이 열리고 기세 있는 상승세가 찾아온다.

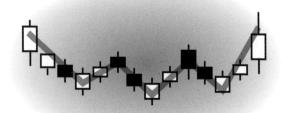

저점 매수는 누구나 바라는 일이지만, 막상 닥치면 쉽지 않다.

그러나 인내심을 갖고 꾸준히 추적하면, 더욱 하락한 가격으로 추가 매수하며 비교적 저렴하게 주식을 보유하게 된다.

이제 오름세를 따라가면 잠재이익은 점점 커진다.

고진감래라고 했던가.

누구나 할 수 있는 최저가 매수.

하지만 이렇게 아는 걸 못하기에 주식투자가 어렵다는 것이다.

은근과 '집요할 정도의' 끈기가 주식투자의 과실을 내 것으로 만들 수 있다.

▼ 6146 디스코

매수 적기를 찾으려면 여기에 주목

39 / '이동평균선상의 보합세 탈출'에 붙는다

　최저가나 저점에서의 급격한 상승 패턴은 많이 알아둘수록 좋다. 왜냐하면 어떤 주가변동에서도 '저점에서의 반발' 기회만 알아차린다면, 유리하게 주식을 보유할 수 있어서다.

　'이동평균선상의 보합세에서 탈출'은 거래량을 수반하면 급격한 상승을 기대할 수 있다.

　여기까지 캔들 전후의 조합으로 매수와 매도시기를 간파하는 방법을 설명해 드렸는데, 차트에는 또 하나, 잘 아시는 **이동평균선**이라는 녀석이 있다.

　5일, 25일 등의 주가평균을 곡선으로 연결한 것으로, 이 선과 캔들과의 조합도 중요한 신호다. 통상적으로 이동평균선과 캔들은 붙었다가 떨어

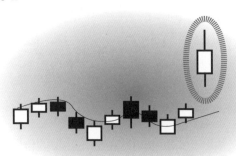

지고, 붙으면 또 떨어진다.

일봉 차트에서는 주로 **25일선**을 본다.

여기에 예로 든 종목은 25일 이동평균선 상에서 잠시 보합세를 보였지만, 돌연 갭 상승이 나타났다.

주가에 기세가 붙고 인기가 오른 초동에 올라타는 게 좋다. 고점에서 보합세를 보였을 때는 도망갈 때다.

상승 사인은 '갭 상승, 양봉, 거래량'이다.

이것으로 위로 날아오른 에너지에 매수세가 따라붙는다.

주식매매는 '매도나 매수' 중 하나지만, 신호는 확인한 즉시 움직이는 게 상책이다.

▼ **4519 주가이제약**

━이동평균(25) ━이동평균(75)

이동평균선상에
우물쭈물한
곳에서부터
상승

매수

8,600

8,000

7,400

6,800

2019/06/25 2019/07/16 2019/08/05 2019/08/26 2019/09/13 2019/10/07 2019/10/29

━거래량

900,000

0

http://minkabu.jp

매수 적기를 찾으려면 여기에 주목

40 / '장기 저점 보합세'에서 수직상승에 붙는다

주가가 오랫동안 저점 보합세에 있으면 누구도 찾지 않는 퇴물 종목이 된다. 그러다 어느 날 갑자기 '인기종목'으로 탈바꿈할 때가 있다.

여기에 예로든 종목은 지리정보 시스템과 관련 있는 회사로, 한 때 인기가 급등했던 적이 있어서 한번 움직이면 쭉 갈 가능성이 있다고 판단하고 지켜봤다.

돌연 오른 것처럼 보였시만, 대형 종목이 움직이지 않는 환경에서는 소형재료주가 주목받기 쉽다. 시세 환경에 따라 상승할 가능성이 마련돼 있던 것이다.

전체 시세가 안 좋은데도 상한가를 치는 소형재료주는 얼마든지 있다.

주가의 초기 움직임을 놓치지 않고 손을 쓰면 거래의 밀도가 달라진다.

굳이 말하자면, 급등 전에 두 개의 조금 긴 양봉이 나온다.

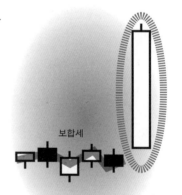

보합세

이는 **세력이 '사들이기'**한 흔적으로 보인다.

이 시점에서는 아무도 알 리 없지만, 주가가 움직였을 때 전날 일봉을 보고 '그랬구나' 할 정도의 안목을 키우시길 바란다.

이것이 캔들을 활용하여 이익을 내는 종목을 발견하는 요령이다.

작은 양봉. 그러나 **주변을 비교하면 분명한 긴 양봉**이 나온다. 하지만 금방 오르지는 않는다.

이 (봉 상승 후의) 차트에서 조짐이 될 만한 양봉이 매우 작게 느껴지는 건, 장대 양봉이 나오면서 그래프의 폭이 변하고 가격 움직임이 작아졌기 때문이다.

급등 전에는 진폭이 가장 크게 보였을 터이다.

이러한 징조를 여러분은 알아차릴 수 있을까.

▼2303 돈

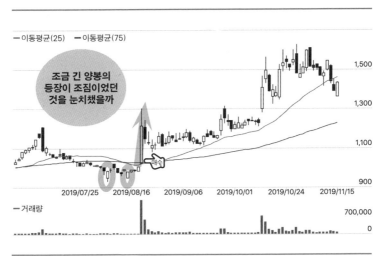

매수 적기를 찾으려면 여기에 주목

41 / '삼대흑장봉'은 저가 사인

　최저가 부근에서부터의 주가 반발에는 여러 가지가 있다.

　삼대흑장봉, 즉 **'세 개의 긴 음봉'**이 보이면, 슬슬 저가인가 싶어서 몸이 근질근질해진다. 이후 **주가가 내려가면, 몇몇 개의 몸통**이라고 할 만한 음봉과 양봉이 등장하며 최저가를 확실시한다.

　삼대흑장봉이 알려주는 '이제 더는 내려가지 않는다'라는 저점 사인에 아래에서 벗어나지 않던 주가의 움직임이 '바닥을 찍었다'라는 확증을 준다.

　이처럼 **작은 캔들이 나온 후 저점을 딛고 일어서는 양봉이 등장하고, 이어서 갭을 만들며 양봉이 나오기 시작하면 매수세가 분명하다.**

　심지어 아래꼬리가 있다면 캔들 하나라도 모양을 진지하게 보고 거래해야 한다.

　주가는 신호를 읽고 오르는 쪽을 향해 간다.

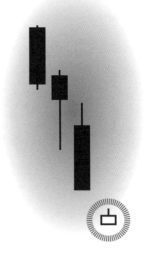

주가에 기세가 있으면 투자자는 기세 방향을 따라간다.

이러한 심리적 움직임을 읽고 참전하면 이익 폭을 확보할 수 있다.

캔들 하나하나에 담긴 의미를 찾고 결단하고 행동한다.

이때 기회가 생기고 성과가 오른다.

캔들은 차가운 수치와는 다르다. 이면에 숨어있는 걸쭉걸쭉한 생각들이 매매의 역학관계를 완성한다.

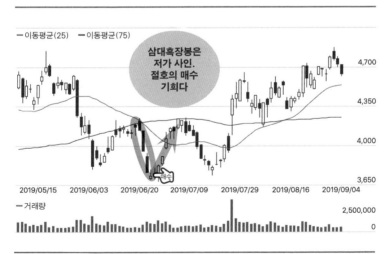

▼ 4751 사이버에이전트

삼대흑장봉은 저가 사인. 절호의 매수 기회다

매수 적기를 찾으려면 여기에 주목

42 / '저점 보합세'에서 급등

주가가 저점에서 상승하는 모양은 다양하다.

여기에서는 '보합세 탈출'에서의 상승을 살펴본다.

주가가 하락하여, 잠시 인기 없이 보합세를 이어갈 때 차트는 대개 횡보한다.

하락하기 전 매수한 사람은 '실패했다'라며 내버려두든가, 손절매하여 '손을 털자'라고 생각할 것이다.

사실 이러한 자세가 문제다.

떨어져서 손실을 봤을지 몰라도, 주가는 반드시 바닥을 찍고 반등할 때가 있다.

어느 종목의 캔들을 봐도, '올랐다가 내려갔다가' 하는 리듬이 있다.

이 움직임을 잘 봐야 한다.

하락하여 손실이 났어도, 해당 종목의 '거동'을 놓쳐서는

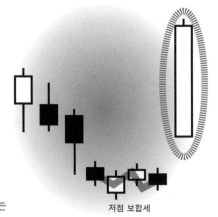

저점 보합세

안 된다. 이 정도의 집념이 필요하다.

주식투자에서는 집념이 승부를 가른다.

필자의 경우, 어느 쪽인가 하면 담백한 편이어서 예전에는 손절매한 종목의 '뒤'를 쫓지 않았다.

그런데 투자에서 큰 성과를 거두는 '전설의 인물'로부터 **'하락한 후의 주가를 쫓으라'**라는 말을 듣고는 그대로 실천했고, 덕분에 주식에서 이익률이 쑥 올랐다.

누구나 놓치는 '타이밍'

승자가 된 사람은 누가 뭐라든 말든 '이기기 위한 법칙'을 실천한다.

눈여겨 본 종목의 '최고가, 최저가'는 꼭 확인하시라.

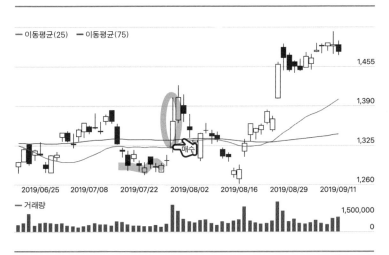

▼ 6460 세가새미홀딩스

43 / '삼공'은 집단 움직임이므로 매수

'삼공은 파고들어라'라는 말이 있다. 몇 번이나 **갭을 두고 급락**하는 모양이다.

급락 시에 손대봐야 소용없지만, 바닥을 찍었다면 사들일 때다

실제 차트를 보면 대개 모양대로가 아니라 '비슷한 것'이 대부분이다.

이 차트도 '삼공 파고들기' 형태이지만, 이후에 조금 변형이 니다난다.

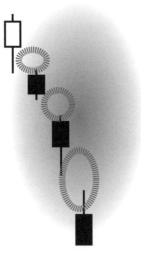

최저점을 찍은 듯이 보인 나흘째에 뉴욕 시장에 이변이라도 있었는지 큰 폭으로 뚝 떨어지며 시작가, 장대 양봉을 보이며 저점 마무리.

변형이지만, **장대 양봉이 저점에서 나왔으므로 '안심할 만한 최저점'**이 된다.

이보다도 아래는 '절대로 없다'라고 해도 과언이 아닐 정도의 캔들이다.

해당 종목에 대한 투자자 심리, 매매의 역학관계는 반드시 캔들에 나타난다.

내려가는 동안은 음봉이지만, 바닥을 찍고 나서는 저점에 매수하므로 양봉이 이어진다.

매도가 끝나고 매수로 방향이 전환한다는 증거다.

최저점일 때 '이건 사야 한다!'라고 알아차리고 매수해 두었다면, 이제 시쳇말로 존버할 때다.

차트상의 한순간, 단 하루 동안 생긴 일을 파악하면 유리한 위치에서 주식을 매수, 가장 싼 가격 부근에서 대비할 수 있다.

이것이 '절대승리' 하는 매매, 캔들 활용법이다.

▼ 6951 일본전자(Jeol)

— 이동평균(25)   — 이동평균(75)

급락 후
최저점을
간파하라

삼공
파고들기

매수

반등

2019/07/12   2019/08/02   2019/08/23   2019/09/12   2019/10/04   2019/10/28

2,800
2,550
2,300
2,050

— 거래량

350,000

0

http://minkabu.jp

44 / 연이은 음봉 후 양봉, 매도의 끝

이것 역시, 변형 중에서도 변형.

저점 보합세 끝에 음봉의 아래꼬리가 두 개.

이후 등장한 양봉에서 조정이 완료됐는데, 다음날 크게 창이 열리며 주가가 위로 치솟았다.

이슈와 '매도 고갈'로 **균형이 무너지며 상승**한 것이다.

이런 종목은 꽤 있는데, 바닥을 찍었다며 갑자기 '대폭 상승'했다면 이후 고점 기간이 의외로 짧을 수 있다.

장기간 보유한데도 큰 재미는 없다고 봐야 한다.

그러나 상승세가 매우 강하고 매도 고갈 후 상승은 강렬하므로 생각보다 큰 폭으로 오른 고점은 아니더라도 **단일종목 승부에서 이익을 얻기는 쉽다.**

이처럼 명확한 상승 움직임

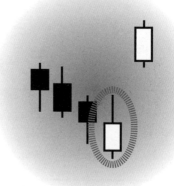

은 제대로 활용하길 바란다.

제아무리 캔들 모양을 알아도 **100% 확률로 재현될지는 알 수 없는** 일이다.

그러나 **저점에서의 갭 상승처럼 강렬한 캔들은 저점에서의 불안은 거의 없으므로**, 활용하기도 쉽고 이익을 거둘 기회도 많다.

부디 이 모양에는 올라타시라.

다만 시세를 확장하는 대기업 등은 사람을 속이고 차트를 활용하여 주가를 조종하기도 한다. 이를 염두에 두고 거래에 임하시라.

▼ **2413 엠쓰리**

갭 상승 반등은 기세가 있을 동안 팔아치워라

http://minkabu.jp

매수 적기를 찾으려면 여기에 주목

45 / '페넌트형'에서 벗어났다면 기회

주가가 저점 보합세에서 위로 폭발하는 형태로 '페넌트형 탈출'이 있다.

페넌트형이란 **주가가 교착상태에서 캔들이 점점 작아지며 끝이 뾰족한 삼각형**을 만든다고들 하는데, 물론 모양도 다양하고 변형도 있다.

기본적으로 주가는 저점 보합세이므로 진폭은 작다. 매도와 매수가 우위를 다투는 와중에 매매의 역학관계가 맞서며 캔들의 몸통은 작아지게 된다.

이른바 '저점 혼조세'다.

이 형태가 나타난 후에는 '추세 전환'이 일어난다.

아래로 가든지 위로 가든지, 저점 부근 삼각형에서는 가능성을 꼽자면 상승밖에 없다.

보합세를 질질 끌면 그 직후에는 폭발한다.

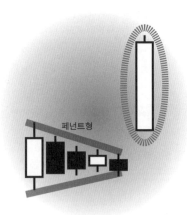

페넌트형

이 종목은 그야말로 장대 양봉이 나왔다.

만일 보합세를 탈출한 주가 동향을 호가창 정보에서 알아차리면 해당 캔들에 탈 수 있다.

고작 하루짜리 거래여도 상당히 벌 수 있을 것이다.

무엇보다 **대머리 양봉 캔들**(위꼬리도 아래꼬리도 없는 양봉)이다.

어느 국면에서 거래해도 이익 폭은 있다.

이 기세를 몰아 다음 날로 넘겨도 주가에 여력이 남아서 창이 열리며 상승해 갈 것이다.

주가는 기세다.

기세를 타고 벌어들인다. 이익을 실현한다.

이를 반복하면 '소위 억 단위 트레이드'가 현실성을 띠게 된다.

▼ **3138 후지산매거진서비스**

페넌트형에서 정체됐던 기세가 실린 상승에 타라

상승

매수

이동평균(25) 이동평균(75)

830
760
690
620

2019/05/29 2019/06/14 2019/07/01 2019/07/17 2019/08/01 2019/08/19 2019/09/03

거래량

300,000
0

http://minkabu.jp

매수 적기를 찾으려면 여기에 주목

46 / '깃발형'에서의 상승에 주목

깃발형은 **마치 네모처럼 일정한 범위에서 주가가 등락**한다.

저점 부근에서 나타나면 대표적인 '저점 보합세'의 캔들 움직임이라고 할 수 있다.

보합세라는 점에서 페넌트형과 유사하지만, 조금 다르다.

페넌트형처럼 한데 모여 있지만, 깃발형은 삼각형이 아닌 사각 깃발 모양으로 저점 보합세를 유지하는데, 작은 음봉이나 양봉이 이어지며 슬금슬금 내려간다.

이는 주가가 저점에서 **매매의 역학관계가 균형을 잡아 '서로 밀며'** 움직이기 때문이다.

다만 매도 쪽이 살짝 우세하므로 주가는 매우 소폭이지만 슬금슬금 내려간다.

급격하게 하락하기보다, 고점도 저점도 조금씩 내려가며 마지막 대결을 펼치고 있는 것이다.

이후에는 그때까지의 보합세를

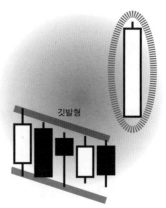

깃발형

부정이라도 하듯이 나온 '장대 양봉'에 주목해야 한다.

이렇게 되면, **매도세가 끝나고 상승만 남는다.**

매수 적기라는 신호다.

이 종목은 창이 작게 열리며 등장한 양봉이 계기가 되어 반등했다. 이틀째는 창이 크게 열리며 장대 양봉.

이러한 움직임에서는 첫 번째 창이 열리고 등장한 양봉에 올라타야 한다. 될 수 있으면 대량으로.

그러면 다음 장대 양봉에서 이익을 실현할 수 있다.

얼마나 많이 '저점 신호'를 구분해 내고, 동향에 재빨리 대응하는가.

이것이 주식투자의 성패를 가른다.

▼ 4716 오라클재팬

매수 적기를 찾으려면 여기에 주목

5장

이익 실현으로 도망치는 매도 시기

트레이드에서 성공하는 데는 기본적으로 세 가지 요건이 있다. 종목의 효율적 선택, 리스크 관리, 그리고 이를 충실하게 따르는 자기규율이다.

윌리엄 오닐(William O'Neil)

해당 주식의 가격이 상승하고, 고점에서 보합세, 그리고 하락하기 시작할 때까지 기다려라. 그것이 나에게 매도 시기다.

데이빗 라이언(David Ryan)

47 / '갭 장대 음봉'이 나오면 한계

주가가 천정을 찍고 하락하는 캔들 형태도 다양하다.

이를 염두에 두고 거래에 임하여 주가가 제대로 올랐을 때 이익을 실현해야 승률이 높아진다.

여기에 예로 든 종목은 저점에서의 보합세를 벗어나서 창이 열리며 상승한 지점에서 크게 가격이 치솟아 시작가를 신고가로 기록한 후 매도되며 장대 음봉이 되었다.

갭을 만들 정도니까 언뜻 강한 것처럼 보이지만, 이것이 실패의 근원. **장대 음봉이 등장한 시점에서 사들인 종목은 해당 음봉이 완성되기 전에 도망가야 한다.**

시작가가 가장 높아서 내림세로 접어든 시점에서는 '매도 탈출'을 고려해야 한다.

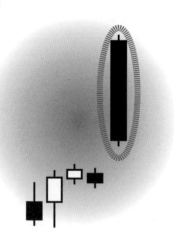

안 그러면 질질 끌려 내려가다가 잠재이익은 점점 줄어들고 언제 잠재손실로 전환될지 모를 판이다.

이때는 거래량에 주목해야 한다. 급등한 장면이 한 번밖에 없다는 것은 점점 인기를 얻기는커녕 이슈 우선, 소문 우선으로 부풀어졌다는 것을 알 수 있다.

또 거래할 때는 전날까지의 일봉 차트의 모양과 가격을 한데 묶은 5분봉 차트를 보기 바란다. 일봉 캔들은 하루 거래 후에 만들어지지만, 장대 음봉은 만들어지는 중이라는 것을 머릿속에 그린다. 그러면 승률이 높아진다.

이러한 움직임은 소형 종목에 많으므로, 소형을 선호하는 투자자는 대비해야만 한다.

급격하게 오른 뒤에는 급락할 위험이 있다.

▼ 9889 JBCC홀딩스

48 / '대머리 캔들'의 완만한 천정을 간파하다

저점에서 서서히 상승한 주가도 언젠가는 상한가를 기록한다.

크게든 작게든 상승하며 때로는 음봉으로 제자리걸음하며 천천히 올라간다.

급등이나 급락 없이 비교적 꾸준하게 상승하는 종목은 안심할 수 있다.

급하게 오르지 않으므로 내심 답답할 수도 있다. 그러나 천천히 올라가는 걸 즐기시라.

그 대신, 이런 식의 종목은 **하락할 때도 조금씩 살살 내려가는 특징**이 있다.

이런 캔들이 모여 있으면 **신호다운 특징은 없다.**

굳이 말하자면, **상승 시는 양봉이 많고 음봉이 적다**는 정도다.

하락 시는 반대로 음봉이 많다.

이러한 경향이 나타나면, '회복할 것'이라며 낙관적으로 관측하지 마시라. 경향을 알아차렸을 때 이익

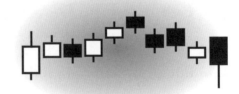

을 실현하시라.

음봉이 많고 길다.

양봉이 짧고 자잘하다.

이러한 리듬에서는 매수할수록 잠재손실이다.

특히 상투 잡은 사람이 '물타기 기법'을 해본들, 잠재손실만 커질 뿐이다. 결국 자금이 고갈되어 포기할지 모른다.

무턱대고 아무렇게 물타기 하다간 실패로 끝날 확률이 높으므로, 주의해야 한다.

만일 이러한 형태로 천장을 찍고 잠재손실이 발생했을 때는 '천정에서 매수했다'라고 판단하고 주저 없이 손절매하는 게 상책이다.

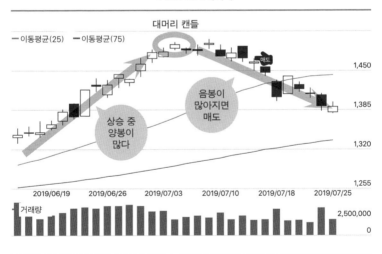

▼9613 NTT데이타

이익 실현으로 도망치는 매도 시기

49 / 상승 후 등장한 긴 '위꼬리 음봉'은 한계다

위꼬리라는 건, 주가에서 '역학관계'를 명확하게 드러낸다.

주가가 조금씩이든 급격하든 **긴 위꼬리가 나오면 주의해야** 한다.

인기가 있어서 비싸게 매수되었지만, 고점에서는 현금화하려는 매도세가 대기 중이어서 단숨에 팔렸다.

안타까운 캔들이다.

그중에서도 '**위꼬리 음봉**'은 지극히 전형적이고 대표적인 '**약한 캔들**'다.

인기가 생겨서 매수되어 올랐지만, 이익을 실현하는 사람이 많아서 매도로 전환되었다. 시작가보다도 종가가 훨씬 떨어졌다.

게다가 꼬리 길이만큼이나 치솟은 가격에 매수되었지만, 그 후로는 급락하여 전날이나 전전날 주가보다도 내려갔다.

이러한 주가 움직임은 명백한 '**천장신호**'다.

이익이 난 사람도, 물론 잠재손실

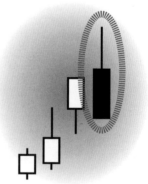

이 난 사람도 도망가야 한다.

위꼬리 음봉이 얼마나 굉장한 '매도신호'인가는 다음 캔들이 창을 열며 아래로 뚝 떨어져서 나온 것을 보면 알 수 있다.

해당 캔들이 고점에서 등장하면, 이는 강렬한 고점이자 **철수신호**이며 쉽게 봤다간 큰코다친다.

위험하므로 꼭 기억하시라. '철수' 신호.

다만 신용거래 중인 사람에게는 절호의 '매도' 신호가 될 수 있다.

▼ 2267 야쿠르트혼샤

/ 이익 실현으로 도망치는 매도 시기

50 / '갭 음봉'이 이어지며 하락하면 도망쳐라

주식의 매매 시기는 일봉에서의 음봉과 양봉의 표시로 판단할 수 있다.

양봉이 많을 때는 오름세가 강하다는 뜻이다.

이에 반해 **음봉이 많으면 주가는 내림세다.**

주가가 오름세가 있을 때 음봉이 섞이기는 하지만, 단연코 양봉이 많다.

싱승 도중에는 매수가 우세하고 매도는 약하다.

그러나 일단 고점을 찍으면 이번에는 이익을 실현하려는 움직임이 많아지며 음봉이 증가하고, 주가는 내림세로 접어든다.

개별 주가의 수급 관계에 따라 차이는 있겠지만, 대부분 종목에 해당하는 움직임이다.

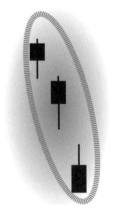

투자에서는 오름세에서 내림세로 추세가 바뀌었을 때, 일찌감치 이익을 실현하든가 손절매하여 상처를 덜 입어야 한다는 점을 염두에 두어야 한다.

주식투자에서는 '손실 줄이기'가 중요하다.

주식투자는 '하이 리스크, 하이 리턴'으로 좋은 일만 생기지 않는다.

위기를 어떻게 관리하는가가 거래의 중요한 기술이다.

여기에 있는 것처럼 주가의 방향은 '**아래를 향하기 시작하면, 한없이 매도**'된다는 점을 명심하기 바란다.

상승 중에는 창이 열리며 양봉이 나타나지만, 하락할 때는 창이 열리며 음봉이 등장하며, 완전히 정반대로 움직인다.

기억하라.

▼ 1860 도다건설

창이 열리며 급락할 때는 도망가는 게 이기는 것

매도

하락

2019/06/14 2019/07/05 2019/07/29 2019/08/20 2019/09/10 2019/10/03

http://minkabu.jp

이익 실현으로 도망치는 매도 시기

51 / '석별형'으로 상한가가 선명해진다

'석별형'은 오사카 쌀 시세 시절부터 전해진 '사카다 오법'에서 캔들을 해석하는 전형적인 방법이다.

주가가 점차 높아지고 창을 열며 오르는데, 고점으로 뛰어오른 뒤 이번에는 갑자기 음봉이 나오면서 **최고점에서 '별'이 홀로 남겨진 것과 같은 모양을 만든다.**

이러한 캔들 조합이 나오면 **명확한 고점 한계라고 봐야 한다.**
이익을 실현하든가 손절매해야 하는 시기다.

이렇게 확실한 형세는 없으므로 '도망 갈 때'임을 명심하라.

주식투자에서는 손실의 확대를 가장 멀리해야 한다.

고점 한계에 이른 종목을 잘못 잡았을 때는 재빨리 도망가야 한다.

이러한 습관 속에 거래한다면, 실패를 질질 끌지 않으며 다음 기회가 왔을 때 확실히 자신의 것으로

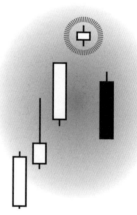

만들 수 있다.

캔들 형태는 시세에 참가한 사람들이 가진 시세관의 집합체이며 수요와 공급이 주가를 변동한다.

이는 '시세는 시세에 들어라'라는 말이 있듯이 대항하지 못한다.

캔들을 잘 활용하여 투자 수익을 쌓아가기 위해서는 추세를 확실하게 해석해야 한다.

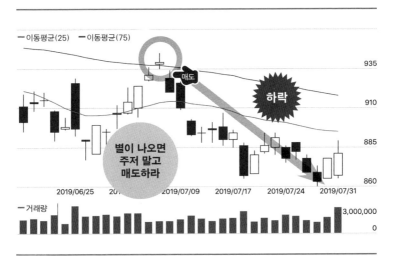

▼1803 시미즈건설

이익 실현으로 도망치는 매도 시기

52 / '이중천장' 후 하락에는 주의

이중천장이라는 신호는 미국에서 유래한 사고방식이다.

이는 현재의 국면보다 장기적인 투자를 위한 견해다.

이중천장은 비교적 기간을 길게 보지만, 아주 조금 단기적인 신호도 있다.

두 번이나 최고가에 도전했지만, 고점에서 튕겨 나오면 거기가 명백한 '고점 한계'가 되므로, **이익을 실현하여 마무리**하는 것이 확률적으로 좋다.

캔들을 시작으로 하는 기술적 기법은 '주가가 어디를 향할 것인가'를 판단하기에 효과적인 수단이지만, 100% 정확하지는 않다.

가능성, 즉 확률상 어떠냐는 문제이므로 잘 활용하여 투자 성과를 올리시길 바란다.

주가의 향방을 확실하게 아는 사람은 없다.

그러나 선배들의 경험칙을 바탕으로 눈앞의 시세를 적확하게 읽어내는 확률이 커진다고만 하면, 당연히 사용해야지, 안 그러면 손해 아닌가.

그런 의미에서 두 번이나 최고가에 도전했지만, 그 이상 최고가는 힘들다는 뜻이다.

이는 투자자 대부분이 아는 경험칙이므로 '이런 경우는 이럴 것'이라는 예상하고 시세에 도전하는 것이므로, 결과적으로 경험칙이 시세에 주는 영향은 크다.

소중한 돈을 투자하는 것이다. 가능성이 큰 곳에 위험을 사전에 알고 투자하여 이익을 얻는다.

이것이 성공적인 투자를 위한 가장 현명한 방법이다.

▼ 6861 키엔스

이익 실현으로 도망치는 매도 시기

53 / 장대 양봉 후의 '연속 음봉'은 고점 한계

급격한 상승 후 주의해야 할 캔들이다.

주가가 기세 좋게 오르면 '나도 나도'라며 매수세가 들끓고 거래량이 증가한다.

누구도 멈추지 못하는 투자 행동이다.

이것이 주가에 기세를 부치며 상승세를 가속한다.

그러나 이럴 때일수록 신중해야 한다.

주가의 상승세는 영원하지 않기 때문이다.

모두가 그렇게 생각하고 거래하기 때문에 조금이라도 균형이 무너지면 폭발할 수밖에 없다.

중요한 신호는 **장대 양봉 후에 등장한 작은 음봉**이다.

혼조세를 보이는 두 개의 음봉이 있고, 그 뒤에 비교적 큰 음봉이 나타나는데 이게 매우 중요하다.

이를 본 투자자는 '하락할 것'이라고 느끼므로 '이익 실현을 위한 매도'가 많아진다.

이때까지 강세장에서

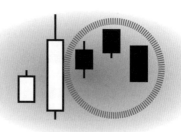

매수를 주도한 투자자들이 사들이기를 멈춘다. 매수를 멈추고 매도로 돌아선다.

이러한 경향이 확대되면 주가는 내림세가 된다.

결과적으로 주가는 시들시들해진다.

매수가 매수를 부르는 경향에서 매도가 매도를 부르는 경향이 되어간다.

따라서 신용 매도할 기회이긴 하나, 현물 매수라면 보유한 종목을 내어놓는 것이 현명하다.

투자는 도망갈 때를 놓치면 좋은 결과로 이어지지 않는다.

크게 걸고 적게 손실 보는 투자 방법이 '이기는 투자'의 철칙이다.

▼ 6501 히타치제작소

- 이동평균(25) - 이동평균(75)   매도

하락

크게 오른 양봉이 나타난 뒤에는 반드시 조심할 것

4,000
3,800
3,600
3,400

2019/05/15 2019/06/04 2019/06/ 8/02 2019/08/23 2019/09/12

- 거래량

5,000,000
0

이익 실현으로 도망치는 매도 시기

54 / '교수형' 대천장에는 주의

'교수형'은 지극히 명확한 주가 천정권 신호다.

창이 열리며 상승한 위치에 몸통(보디)은 짧고 아래꼬리가 길어서 '목을 맨' 형태의 캔들이 나타난다.

시작가가 높이 붙었지만, 최고가에서 매도가 많아 팔리면서 주가는 내림세로 접어들었다. 잠시 회복했으나 일시적인 이익 실현 매도에 엄청나게 팔린 모양이 보인다.

여기가 중요하다.

회복은 했지만 '크게 팔렸다'라는 사실이 '꼬리'가 되어 남았다.

이를 보고 투자자는 '슬슬 팔지 않으면 **고점 한계**려나' 하는 느낌을 받는다.

이것이 다음 날 나타난다.

'천장일 테니, 팔자'라는 주문이 쇄도하며, 시작가가 싸게 붙는다. 이러한 움직임에 더욱 매도가 쇄도하고 위꼬리가 생긴 음봉이 나타난다.

그러면 '더는 한계다'라고 느끼는 사

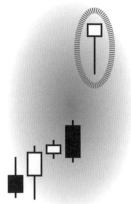

람이 늘고, 매도가 매도를 부르며 추세는 하향선을 그린다.

창이 열리며 오른 주가는 반대로 창이 열리면서 내려간다. 천장권에서의 거래량은 최고조에 달했고 정점을 맞이한다.

이처럼 주가는 매도와 매수의 역학관계다.

양봉임이 틀림없지만, '교수형'은 이를테면 아래꼬리 캔들. 이것이 저점에서 나타나면 반발, 바닥에서의 반등 신호다.

그러나 천장권에서 등장하면 뜻이 달라진다. 모양뿐 아니라 '어디에서 등장했느냐'를 잘 살펴보시라.

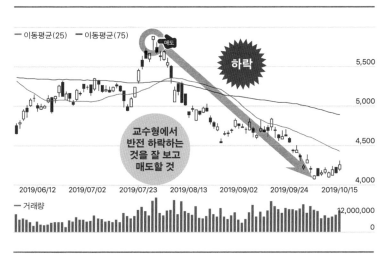

▼ 9984 소프트뱅크그룹

이익 실현으로 도망치는 매도 시기

55 / 갭 상승한 위꼬리 양봉 뒤에 '하락 잉태형'

고점에서 창이 열리며 위꼬리 양봉이 등장하면, 시장에 '**최고가 의식**'이 퍼지므로 주의해야 한다.

최고가 권에서 느닷없이 창이 열리며 양봉이 나오면, **다음에 '창 닫기**'(공간이 생기기 전 고가까지 가격이 되돌아감)를 의식해도 별 도리가 없다.

종목을 보유한 투자자에게 일종의 '고소공포증'이 엄습한다.

다음날 등장한 음봉은 이러한 심리상태를 어김없이 반영하고 있다.

전날 주가와 비교하여 저가에 붙으면서 주가는 하락한다.

이렇게 '**하락 잉태형**'이 되면서 캔들은 약해진다.

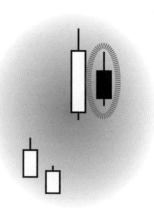

전날 양봉과 해당 음봉을 합쳐서 '교수형'에 가까워진다.

캔들은 하루뿐 아니라 이틀, 즉 두 개를 조합해야 형태의 특징이 명확하게 보인다.

결과적으로 앞에서 설명한 교수형이 되므로 이후 주가는 내림세를 보이게 된다.

이렇게 수요공급의 흐름을 제대로 읽고 거래한다면, 주가의 방향성을 비교적 정확하게 읽어낼 수 있으므로 성공확률이 커진다.

주식에서는 이익 실현 시기가 중요하다.

제아무리 잠재이익이 많아 봐야 '그림의 떡'일뿐이다.

최고가를 찾아내어 확실하게 이익을 실현하시라.

▼ 2681 게오홀딩스

http://minkabu.jp

이익 실현으로 도망치는 매도 시기

56 / '보합세 탈출로부터 하락'은 급매할 것

미래의 주가 경향은 캔들의 움직임으로 읽는다.

여기에서 보게 될 '보합세 탈출'은 주가가 같은 가격대에서 오르락내리락하다가 어느 한 방향으로 가는지에 따라 추세가 바뀐다.

특히 고점에서의 보합세라면 더 위로 가든지, 아니면 천장권에서 끝날 것인지를 간파해 내야 한다.

이 종목처럼 보합세 후에 큰 음봉이 나오면 재빨리 도망가야만 한다.

모두가 이를 보고 '매도'라고 생각하므로, 이때 이익 실현이든 손절매든 하지 않으면 큰 손실을 보게 된다.

그런데 눈앞에서 거래 중인데도, 이런 내림세에 만나고도 '조만간에 회복하겠지'라며 잠재이익을 끌어안고 장기투자로 전환하는 사람이 있다.

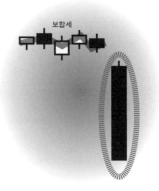

보합세

이것만은 피하셨으면 좋겠다.

투자 스타일이 데이 트레이드나 스윙인데도 천장권을 기록한 종목을 부여잡고 도망가지 못한 채

기간만 바꿔봐야 스트레스만 쌓여갈 뿐이다.

이렇게 계속 거래하면 꼬리에 꼬리를 물며 '실패주'를 끌어안게 된다. 자금은 잠들게 되고 정신적으로도 피곤한 투자가 된다.

좋은 일 하나 없다.

잠재이익을 끌어안고 투자하기보다 미련 없이 보내주고 재기를 노리는 게 어떠실까.

어떤 종목이든 반드시 하락한다. 자신의 계산과 다르다면 일찌감치 단념하고 다음 종목과 기회에 전념하시라.

▼ **3407 아사히카세이**

57 / '페넌트형'의 고점 보합세 탈출 후 하락

고점을 나타내는 형태는 다양하지만, 특징을 꼽으라면, '**페넌트형**'(끝이 뾰족한 삼각형) 보합세가 있다.

이것이 고점에서 나오고 바로 뒤에 **창이 열리며 주가가 내려간다면, 분명한 내림세의 시작이다.**

페넌트형은 주가의 진폭이 음봉과 양봉을 섞어가며 차례로 간격이 좁아진다.

그 뒤에 캔들은 가장 작아지고, 보합세도 마무리된다.

창이 열리며 주가가 하락한다면, 천장권에서 주가는 '급락'하고 시세는 내려간다.

이때 도망가야만 한다.

보유한 종목은 이익이 있든 없든 상관없이 손을 털어야 한다.

한번 떨어지기 시작한 주가는

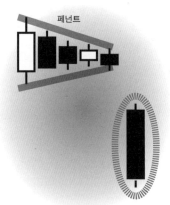

페넌트

음봉, 양봉을 교차해가며 아래로, 아래로 추락해간다.

주가 추세가 내림세에 접어들면 끝, 당장은 다시 오르지 않는다.

일단 바닥을 찍고 매도하는 사람이 모두 팔고 매수자가 줄고 시세차익이 줄어들며 한산해 지는 등의 경과를 거쳐야 부활할 것이다.

만일 천장권에서 처분하지 못하고 보유한다면, 상당한 기간 버텨야만 한다.

그동안은 자금을 묵혀야 한다.

반드시 주의하시라.

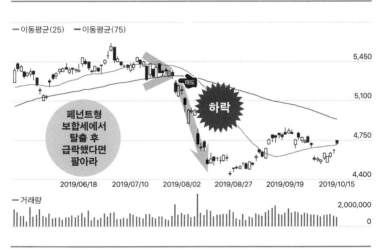

▼4901 후지필름홀딩스

이익 실현으로 도망치는 매도 시기

58 / 갭 상승 후 '창 열리고 음봉'은 매도

급등에 급등을 거듭한 끝에는 함정이 기다리고 있다.

특히 장외증권시장은 개인 투자자의 꿈과 욕망이 모이는 시장.

가격 등락 폭이 극심하고 위험도 크지만, 시세차익이 큰 만큼 퍼포먼스에 매력을 느끼고 사람이 모인다.

더욱이 이슈만 강렬하다면 '텐 버거'(열 배 주식)에 대한 기대도 양껏 부풀어 오른다.

그러나 주가가 오를수록 위험은 점점 커져만 간다는 걸 명심하시라.

제아무리 훌륭한 이슈가 있어도 주가는 수요와 공급이다.

'이제 슬슬'이라고 생각하고 매도에 나서는 사람이 많다면 주가는 그때까지의 '가즈아!'에서 매도가 쇄도하기 시작한다.

자본금이 작은 신규 종목은 균형이 약간만 흔들려도 하락 폭이 커진다.

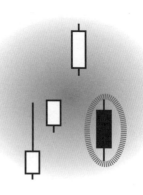

이 종목은 급등 후 고점에서 혼조세를 보이며 양봉이 나왔고 급락이 시작됐다.

이렇게 **창이 열리며 음봉이 등장하기 시작하면 한시라도 주저하지 말고 손을 털고**, 손실이 더 커지기 전에 이익을 적절히 챙기자. 이 역시 거래의 철칙이다.

그 후로도 주가는 반발하는 일 없이, 매도가 매도를 부르며 언제 급등했냐는 듯이 반전과 하락 일변도였다.

무서운 캔들이다.

이런 종목은 늘 호가창을 보는 사람이 아니면 가까이해서는 안 된다.

주가변동폭이 너무 크고 바로바로 대처하지 못한다면 절대 가까이해서는 안 되는 종목이다.

▼ **4563 앙지에스 MG**

이익 실현으로 도망치는 매도 시기

59 / 이동평균선과 '데드크로스' 했다면 도망가라

고점 한계에서 **내림세가 되는 신호로는 상승해 온 이동평균선 아래로 캔들이 빠지는 '데드크로스'**를 확인해야 한다.

주가가 오르는 동안은 이동평균선(25일)은 우상향이다.

이는 주가의 방향을 완만하게 나타낸 것이다.

이에 반해 주가가 블랙아웃하여 이동평균선을 밑돌면 명확한 하강세가 되면서 참가한 투자자도 '여기가 한계'라고 깨닫는다.

도중에 '가격에 홀린 매수'로 양봉이 나오더라도 이는 '소용없는 저항.'

추세를 바꾸기는 불가능하다.

단순히 캔들의 내림세일 뿐 아니라, 이동평균선 아래로 빠진다면 내려가는 경향을 확인한 것이므로,

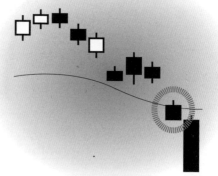

매수는 무모하다.

주가의 움직임은 매일 오르락내리락하므로 쉽게 알아차리지만, 25일 평균 주가 추세와 맞춰서 보면 주가의 향방이 보이게 된다.
부디 꼭 활용하시라.

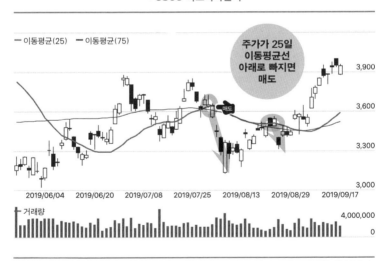

▼ 6506 야스카와전기

이익 실현으로 도망치는 매도 시기

60 / 상승 후 '양봉 잉태형'은 한계가 된다

거래량을 수반하는 상승이어도 **마지막 캔들이 전날 급등한 캔들 범위 안에 머무르면 '고점 한계'**라고 본다.

이 차트는 전날 크게 상승한 장대 양봉의 가격 범위에 들어가는 작은 양봉이 나왔다.

즉 전날 종가보다도 낮게 시작하여 약간 회복했지만, 가격 변동 폭은 미미했으며 살짝 높게 마무리된 정도다.

이는 고가권에서 이익 실현 매노가 많아졌음을 의미한다.

고점 한계의 신호 중 하나다.

이를 알아차렸는지, 다음날부터 더는 고점을 좇지 않고 음봉을 섞어가며 슬금슬금 내림세로 돌아섰다.

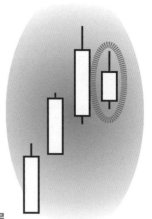

기세 좋게 상승해 온 주가의 뒷심은 끝나고 이익 실현 경향이 이어지므로, 이제 매수해도 다시 고점을 기록하기는 어렵다.

급격한 상승에 낚여서 매수하면, 내림세로

돌아서는 하강국면에 맞닥뜨리는 전형적인 캔들이다.

급격한 상승은 급격한 하락이든가 슬금슬금 떨어지는 장면을 보여준다.

왜냐하면 서둘러 매수한 사람의 손절매가 끊이지 않기 때문이다.

당시까지의 주가를 훨씬 뛰어넘는 매수 수량이 있다면 이야기는 별개이지만, 웬만해서는 힘들다.

한번 하락으로 돌아선 종목의 수요와 공급은 쉽게 회복하지 않는다.

이러한 습성을 이해하고 종목의 고가권에 대처해야 한다.

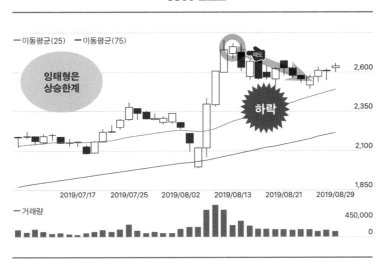

▼ 6800 요코오

이익 실현으로 도망치는 매도 시기

61 / 급하게 이어진 양봉은
음봉 연속으로 이어진다

급히 오른 주가는 급하게 하락한다.
이것이 습성이다.
자본금의 규모와는 상관없이 주가는 그렇다.

이 종목의 주가는 25일 이동평균을 돌파하더니 나흘 동안 숨 쉴
틈도 없이 장대 양봉을 붙이며 상승해갔다.

그러나 주가의 균형에서 매도기 많아지
며, 음봉을 붙이더니 이번에는 역회전.

내리막길을 미끄러지듯이 음봉이 이
어지며 하락하더니 이동평균선 아래
를 밑돌았다.

도로 아미타불이다.

이러한 움직임은 주봉으로 치면
음봉이 두 개일 뿐이지만, 최근 단기
거래에서는 이러한 움직임에도 기회
가 있으므로 무시하지는 못한다.

상승할 때 매수하여, 내려가기 전에 뛰

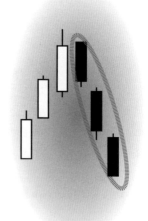

어내려야 한다.

급하게 만들어진 시세는 금방 무너진다.

틀림없다.

시세가 완만하게 상승하여 더 높이 가려면, 매수뿐 아니라 이익 실현 매도도 해소하면서 상승해간다.

단기간에 급격하게 오른 주가는 이후 파는 투자자는 없으므로 매수에서 매도로 기울어지면 간단히 무너진다.

이러한 특징을 잘 이해하고 거래해야 한다.

주가의 움직임에서 바람직한 추세를 구분할 줄 알게 될 것이다.

▼ 2211 후지야

이익 실현으로 도망치는 매도 시기

62 / 긴 꼬리는 주가의 한계

주가에 기세가 붙으니 창이 열리며 상승, 그것도 양봉이 대부분인 상승국면에서 추가 매수하고 싶다면 주의해야 할 것이 있다.

바로 **상승의 한계를 간파**하는 것이다.

주가가 기세 좋게 상승할 때는 문제가 없지만, 언젠가 한계가 찾아온다.

'상승의 한계' 신호를 체득해 두었다면, 고가권에서 늦게 빠져나오는 일은 없다.

예로든 차트에서는 자연스럽게 위꼬리가 그것도 비교적 길게 뻗었다.

이 캔들은 오해도 착각도 아니라 훌륭한 매매의 역학 관계를 나타내고 있다.

고가권에서 더 비싸게 사들였지만, 그 뒤에 사는 사람이 없어서 주가는 내리고야 말았다.

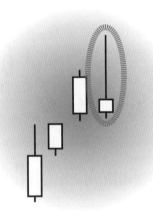

여기에 **수요공급의 이변**이 보인다.

이보다 비싼 값에는 사지 않겠다는 의미다.

이 신호를 놓치지 말고 보유한 종목에서 철수하고 가격이 더 오르기를 기대하지 마시라.

하락 도중에도 양봉이 등장하지만, 이 종목을 '동경'한다는 증거다.

국제우량주나 이슈가 풍부한 종목은 다소 하락해도 '회복하겠지'라는 견해가 있으므로 내림세로 전환해도 매수가 생기기 쉽다.

그러나 틀린 생각이다.

고점 한계의 신호가 나왔을 때, 빠져나오지 않으면 잠재손실은 확대될 뿐이다.

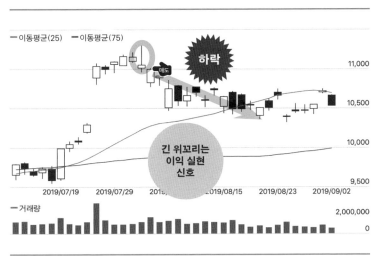

▼**4063** 신에츠화학

이익 실현으로 도망치는 매도 시기

63 / 음봉과 교수형이 이중으로 천장에 붙다

주가가 보합세 끝에 갑자기 양봉이 이어지거나 인기가 생기더니 최고가를 기록한다.

흔히 있는 패턴이다.

하지만 결국 상승의 한계는 온다.

고가한계 신호는 여러 번 말씀드렸지만, 누구나 이해하는 신호는 이거다.

주가 상승한 후 장대 음봉, 여기에 이어지는 '교수형'의 출현이다.

소위 말하는 천장 신호 더블 펀치다.

이것을 보면 따지지도 묻지도 말고 발을 빼야 한다. 그냥 있는 건 자살행위다.

주의해야 한다.

이러한 신호 뒤에는 아는 사람은 알고 눈치를 채므로 매도가 우세해지고 주가는 내려간다.

당연하다.

'또 반등하겠지.'

이런 속 편한 생각은 그만두시라.

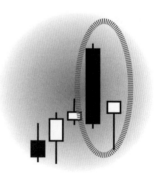

몇 번이나 말했지만, 주가는 '**수요와 공급**'으로 **결정**된다.

이슈나 업적과는 크게 상관없다.

유일하고 확실한 판단 재료는 투자자 심리를 나타낸 캔들 조합이다.

잘 활용하시라.

▼ **4901** 다이요닛폰 산소

이익 실현으로 도망치는 매도 시기

6장

더는 손쓸 수 없을 정도로 못 쓰는 캔들

법칙① 절대로 손실을 내지 말 것.
법칙② 절대로 법칙 1을 잊지 말 것.

워런 버핏(Warren Buffett)

종목은 사람이 추천하는 게 아니라 스스로 공부해서 골라라.

고레카와 긴조(是川 銀蔵)

64 / 하락하는 도중 '가격에 홀린 매수'는 금지

매매로 이익을 얻는 주식에서는 들어가는(매수) 시기는 매우 중요하다.

하락 중에 들어가면 이익은커녕 잠재손실이 확대할 뿐이다.

가격이 내려갔으니까 좋다는 법은 없다는 것이다.

내려가는 중에 매수해서 더 내려가면, 손실만 커지고 정신적으로도 도움 되지 않는다.

그러나 천장권에서 급하게 하락한 국면에서도 주가가 성립한다는 건, 당시 시점에서 매수로 돌아선 사람이 있다는 증거다.

주가는 매수가 있고 매도가 있어야 처음으로 성립하기 때문이다.

이와 같은 잘못된 매수를 선택하는 사람이 얼마나 많다는 것인가.

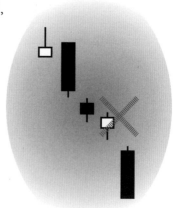

물론 하락 중의 매수는 신용 거래한 '공매도'의 결제이행이 목적인 경우도 있지만, 모두가 그렇지는 않을 것이다.

이 종목 주가의 추이를 보면 알겠지만, 주가는 내림세로 돌아섰으며 저점에 경합하다가 슬금슬금 오르고 있다.

즉 **가격에 홀려서 매수한다면 하락 도중보다, 저점 확인 이후가 효율적인 매매**라고 하겠다.

주식투자는 타이밍이 승부다.

여기에서 언급한 거래는 해서는 안 되는 타이밍임을 명심하시라.

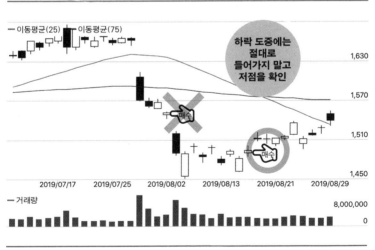

▼8591 오릭스

더는 손쓸 수 없을 정도로 못 쓰는 캔들

65 / 위로 뛰어오른 주가도 '양봉과 음봉의 잉태형' 한계

주가가 갑자기 창이 열리며 위로 뛰어올랐을 때.

'이대로 오르려나'라고 판단하고 달려든 투자자가 적지 않다.

오르는 주가에는 올라타고 싶은 마음 역시 투자자 심리다.

그러나 올라탔을 때 하필 주가는 한계에 부닥친다. '상투 잡기'다.

이런 한계 신호가 바로 '잉태형'이다.

천장을 향해있는 큰 양봉에 작은 음봉이 안겼다면, 바로 거기가 고점 한계다.

더욱이 공간이 만들며 음봉이 나타났다면,

'하락 결정'이다.

이후에는 저평가되었다는 생각
에 매수가 생기고 양봉도 나오지
만, 역학관계는 아래로 향했기
에 내림세가 바뀌지는 않는다.

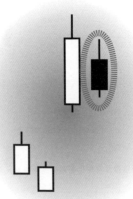

이렇게 하락 도중에 등장한
양봉을 '타당한 주가이며 매수
적기'라고 오해하는 사람이 있
어서다.

이 차트는 일부 종목이지만, 장외증권시장의 종목은 개인 투자자가 많으므로 매도가 매도를 부르고 매수 없이 하락 제한폭까지 가격이 내려가는 일이 많다.

이런 형태가 되면, 단기간에 '가격이 조정'되므로 저점에 도달하기까지의 기간이 의외로 짧다.

따라서 내림세일 때, 신용거래도 아닌데 '가격에 홀려서 매수'해서는 안 된다.

사고, 하락하고, 물타기하고, 더욱 하락.

최악의 매매가 아닐 수 없다. 이런 추세를 보이는 종목에 빠지지 않도록 조심하고 또 조심하시라.

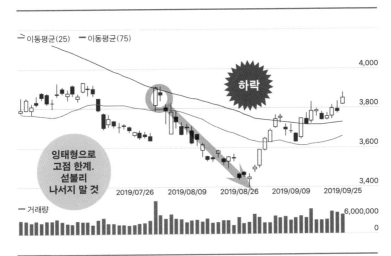

▼ 4502 다케다제약

더는 손쓸 수 없을 정도로 못 쓰는 캔들

66 / '슬금슬금 하락'한다면, 실수라도 줍지 마라

인가 종목이 하락하면 짐짓 '이 정도라면 사도되지 않을까' 하며 매수 평균값을 떨어뜨리기 위해 **추가 매수**에 나서고 싶어지는 법이다.

그러나 물타기 기법에서 성공하는 건, 장기 상승세에서의 눌림목 정도.

최고가를 기록한 뒤 하락국면이라면 좋은 일은 없다.

절대로 해서는 안 된다.

이 종목에서는 하락 도중에 나온 큰 양봉을 놓고 오해하기 쉽다.

일시적인 뉴스나 여러 생각에 따라 매수되지만, 내림세가 시작한 이상 흐름을 바꾸기는 어렵다.

상승 시에는 쑥쑥 올라가서 매수가격이 고점을 기록하지만, 하락 시에는 이익 실현 매도나 향후 하락을

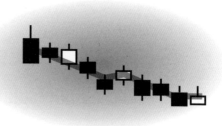

예상한 처분 매도 때문에 매도 압박이 강해진다.

여기에서의 매수는 무모할 뿐이다.

필자가 봤을 때, 주식에서 손실을 보는 사람 대부분은 사면 안 되는 타이밍에 '매수에 나서고' 있다.

차트 분석에서 보면, 있을 수 없는 타이밍에 매수세가 있는데, 이는 매도 종목에 기회를 주는 것이나 다름없다.

이렇게 '어찌어찌하다 보니'에 신중하지 않으면, 투자 손실은 커질 뿐이다.

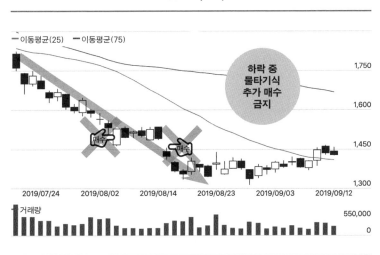

▼6047 구노시

더는 손쓸 수 없을 정도로 못 쓰는 캔들

67 / 급등 후 '이익 실현'에 주의하라

중저가 정도의 종목이 저점에서 배나 오르면, 어이쿠! '사야겠다' 하는 분위기가 조성된다.

그러나 이러한 종목은 어떤 생각에 조종된 '세력주'인 경우도 있으므로 주의해야 한다.

종목에 손을 댄 세력은 저점에서 용의주도하게 작전을 펼쳐 올라오므로, 초동에 틸 수 있나.

조금은 회전하여 이익 폭을 가져가지만, 개인 투자자 대부분은 거래량을 수반하며 급하게 오를 때나 알아차리게 된다.

그러나 **모두가 알면, 시세는 대개 끝**에 가깝다고 생각해도 좋다.

마지막 장대 양봉이 나온 때가 천장권.

여기에서 급등했다면 그만큼 '오를 것을 예상'하고 매수한 사람이 많

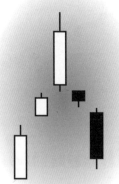

다는 증거다.

차트에서 알 수 있듯이, **이 시기의 매수는 이익 실현 기회는 아니다.**

그러나 이때 거래량이 최고이므로 산 사람이 얼마나 많다는 뜻인가.

부화뇌동한 매수다.

상승할 때는 '매수 안심'

그러나 이 시기에서 사는 건 최악이다. 해서는 안 되는 매매법이다.

▼ 6146 디스코

부화뇌동한
매수는
손실이 난다

http://minkabu.jp

더는 손쓸 수 없을 정도로 못 쓰는 캔들

68 / '상한가'는 얼마나 장점인가?

주식시장에서 화려한 뉴스라고 한다면, '상한가'다.
특히 보유 중인 종목이 상한가를 치면 이보다 기쁜 일은 없다.
여유롭게 이익을 실현할 수 있어서다.
다만 상한가 종목을 상한가일 때 사는 건 정말 추천하지 않는다.
결과적으로 성공하게 되어도 말이다.

예로 든 종목은 인기가 있어서 두 번이나 상한가를 연출하고 있다.
그 이후에 역시 고점 한계에 부딪혀 고가의 파란 속에 음봉이 이어지며 질질 끌려가는 시세가 되었다.
첫 번째 상한가에서 매수한 사람에게는 이익 실현의 기회가 있다. 그러나 이 뉴스를 보고 뒤늦게 달려든 두 번째와 이후 고점에서는 이익 실현이 거의 불가능하며 손실을 보게 될 터이다.
이처럼 상한가에 부화뇌동하는 마음은 이해하지만, 현명한 투자자라면 **이후의 주가에 누가 사는가**를 생각한다.
장외증권시장 종목에서는 매일같이 상한가를 치는 종목이 있다.
그만큼 투자자는 화려하게 움직이는 종목을 뒤좇는다.

정신없이 움직이는 종목에 올라타려고 한다.

하지만 이런 투자 스타일에는 기회가 많지 않다.

차트에서도 볼 수 있듯이 급등 후 주가는 보합세에서 질질 끌려 내려간다.

이런 종목에서 큰돈을 잃는 것도 투자다.

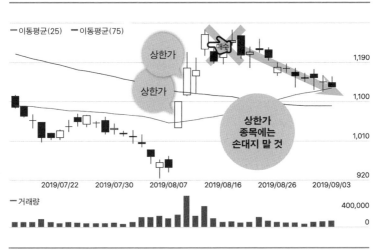

▼ 4331 테이크앤드기브니즈

상한가

상한가

매수

상한가 종목에는 손대지 말 것

—이동평균(25)　—이동평균(75)

1,190
1,100
1,010
920

2019/07/22　2019/07/30　2019/08/07　2019/08/16　2019/08/26　2019/09/03

—거래량

400,000
0

http://minkabu.jp

더는 손쓸 수 없을 정도로 못 쓰는 캔들

69 / '이슈 선반영' 주가의 눌림목은?

주가는 항상 새로운 이슈를 선반영하며 오른다.

기대에 오르고 현실에 하락한다.

반드시 알아두어야 하는 습성이다.

특히 바이오 관련주 등은 기대에 기대는 경향이 강하다.

치료개시, 신약개발에 진전이 있다 등.

기대하는 동안 매수가 매수를 부르며 쑥쑥 올라간다.

그러나 기대는 어차피 기대일 뿐. 약품이 시장에 출시하는 단계에서 하락할 가능성이 크다.

신장에도 한계가 있다.

캔들은 기대 심리에 기댄 매수 덕에 오른다.

이러한 움직임을 반영하며 원활한 수급관계에 따라 매수되어 간다.

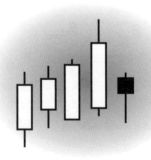

이때는 '하늘에라도 닿을' 기세다.

그러나 이러한 움직임을 보

고 뒤늦게 올라탄 사람은 조심해야 한다.

주가는 결국 고점 한계에 다다르므로, 주의해야 한다.

머리를 부닥치면 주가는 반전하여 꺾이기 마련이다.

재료주는 빨리 타서 빨리 내리는 것이 현명하다.

제아무리 매력적인 이슈더라도 결국은 수급 문제다.

팔리기 시작한 주가는 점점 팔린다. 바닥이 보이지 않는 늪에 빠지듯이 말이다. 손실은 확대되고 스트레스는 쌓여갈 뿐이다.

▼4587 펩티드림

　　　　더는 손쓸 수 없을 정도로 못 쓰는 캔들

70 / '하한가 종목'은 추적이 현명하다

매수한 순간 '하한가'에 맞닥뜨린다면 얼마나 큰 타격이겠는가. 주식투자가 그렇다.

기업의 악재는 일반 투자자에게까지 잘 알려지지 않는다.

믿고 매수했는데, 악몽이 따로 없다.

폭락 시에는 충격 때문에 거래량이 많다.

매도 절정기다.

그러나 여기에 예론 든 하한가 종목은 이후 가격 변동에서도 알 수 있듯이 폭락처럼 보이지만, 이후 주가는 '보합세'다.

우하향 되지 않고 내림세가 그치고 다음 이슈를 기다리며 매도를 소화하고 있다.

보합세라는 건 어느 정도 매수가 있다는 뜻이다.

이때 **주식 수를 늘려서 매수단가를 떨어뜨리는 것**도 하나의 방법이다.

만일 여러분이 투기할 생각으로 매수했다면, 패배를 인정하고 깔끔하게 손절매하기를 추천한다.

그러나 유망한 종목이라고 확신하여 구매했다면 계속 보유하는 것 또한 방법이다.

자금에 여유가 있다면 보유하여 배당받고 어차피 오게 될 반등 시기를 기다려 봐도 좋다.

하한가 후에 얼마 지나지 않아 상한가를 기록하는 종목도 드물지 않다.

특히 장외증권시장에서의 종목이라면 가격 변동이 격렬하여 약간의 이슈로도 반등하는 일은 얼마든지 있다.

언뜻 모순 같지만, 긴 안목에서 볼 줄도 알아야 한다.

▼ 6958 일본CMK

http://minkabu.jp

더는 손쓸 수 없을 정도로 못 쓰는 캔들

7장

저점을 찾는 기술

마을 여기저기에서 거리가 피로 물들어있을 때야말로
매수할 절호의 기회다.

네이든 메이어 로스차일드(Nathan Mayer Rothschild)

진짜 투자자에게 주가변동이 갖는 중요한 의미는 하나밖에 없다. 급락하면 빈틈
없이 주식을 사들이고, 급등하면 팔고 빠져나갈 기회다.

벤저민 그레이엄(Benjamin Graham)

71 / '수익률 반전'의 원리를 이해하자

주가는 위로도 아래로도 너무 간다.
반드시 기억해 두시라.

예로 든 종목은 일본을 대표하는 하이테크 종목(지금은 투자종목)이지만, 고점을 기록한 뒤 천 엔 가깝게 떨어지며 바닥을 기고 있다.

이러한 주가는 어쩌다가 나온 악재 등으로 상승세가 꺾이고 있을 뿐, **기업가치가 제대로 반영되고 있는 건 아니다.**

실적이 썩 좋지 않고 이익도 줄어서 무리는 아니지만, 인기가 너무 높은 탓에 신용 매수가 많아 고점을 지지하고 있다. 그러나 둔한 가격 움직임 탓에 꺼리게 되고 매수가 들어오지 않는다.

굳이 표현하자면, **원활하지 못한 수급 상황이 주가에 영향을 주고 있다.**

앞으로는 어떻게 될 것인가, **신용 매수 기일이 지나서 매수 수량이 줄었을 때가 기회일지도 모른다.**

오르면 내려가고, 내려가면 오른다.

물론 기업가치가 훼손되지 않았을 때 이야기지만 말이다.

차트, 수요와 공급.

이들 요소를 고려하여 **지나치게 하락했을 때 매수한다**는 기조가 저점에서 주식을 보유할 기회가 된다.

차트를 해석할 때는 '저평가냐 고평가냐'라는 의식이 중요하다.

저평가된 주가는 반등 지점을 보고 과감하게 사들인다.

이러한 사고방식은 반드시 보상받는다.

최고가는 좇지도 달려들지도 마시라.

저점에서의 반등하는 지점에 제대로 대비해야 한다.

▼9984 소프트뱅크그룹

실적에 상관없이 지나치게 하락한 종목이 있으면 반등을 기다릴 것

지나친 하락

반등

http://minkabu.jp

저점을 찾는 기술

72 / '급락'은 저점 확인 기회

실적에 특별한 문제가 없는 한 주가는 일시적으로 조정 받아도, 전체 시세가 하락해도 **반드시 제자리로 돌아오든가 더 위로 간다.**

이는 주가변동의 습성이기도 하다.

이를 활용하여 확실하게 이익을 확보하시라.

여기에서 예로든 종목은 1부에 상장한 게임회사로 질질 끌려 내려가다가 바닥을 찍고 '잉태형'을 보인 지점에서 주가 추세가 반등하고 있다.

더욱이 하락 중이던 25일 평균선을 뚫고 골든크로스를 만들어냈다. 이상적인 상승이다.

주가의 습성과 게임 관련이라는 테마에 주목하면 주가변동의 묘미를 누릴 수 있다.

추세 기술에서는 **하락하는 종목의 저점을 확인하고 전환하여 상승세에 잘 타는 안목**이 필요하다.

이것이 중요한 '돈 버는 투자' 요령이다.

하락 도중에 매수하여 손절매하고, 이후 추적하지도 않고 다음 종목을 비싼 값에 매수한다.

밀고 있는 종목의 하락국면에서 '가격에 홀린' 매수는 개인 투자자에게서 흔히 보이는 매매의 실패 사례이다. 이래서는 주식에서 이기지 못한다.

차트에서 상승, 하락 신호를 제대로 활용하여 확률이 높은 투자를 하시라.

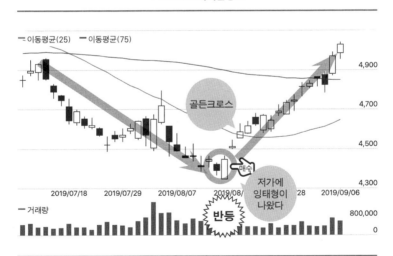

▼9766 코나미홀딩스

저점을 찾는 기술

73 / '꾸준한 추적'이 수익을 내는 보물창고를 만든다

안정된 경영으로 누구나 인정하는 **우량기업**.

우량기업의 주가에 조준을 맞추고 **전체주가의 영향을 받으며 지속해서 내려갈 때의 저점**을 노린다.

이 방법으로 손실을 볼 확률은 리먼 브러더스 사태급 금융위기가 오지 않는 한 없을 것이다.

미국 대통령이 재채기한 정도로는 꿈쩍도 하지 않는 종목이면 좋겠다.

특히 우량종목이 전체 시세에 낚여 급락하면 재미가 있다.

제아무리 우량기업이어도 외국계 자본의 위험 회피, 시장에서의 일시적인 자금 회수와 같은 상황에는 저항하지 못한다.

이러한 흐름을 거꾸로 활용하시길 바란다.

이때가 기회이기 때문이다.

이 종목은 뉴욕 시세가 하락하며 함께 주가도 내려갔지만, 뉴욕 시세가 회복하면서 자금이 되돌아왔고 바닥을 찍고 회복, 저점 보합세에서 슬금슬금 오르더니 이동평균선을 뚫고 올랐다.

이때는 이미 상승세에 접어들었으므로, 향후 급락할 가능성은 희

박하다.

이렇게 차트를 활용해야, 실제로 이익을 얻는다.

차트를 모두 신용하지는 못한다.

차트에서 수익을 내면, 고생하지 않는다.

그러나 전체 흐름이 바뀌며 자금이 되돌아오고 전문가들이 운용하지 않으면 안 되는 상황에 되었다.

이 흐름에 탄다.

매우 현명한 판단이다.

이 국면에서의 차트 활용은 성과로 이어지므로 대대적으로 활용하시라.

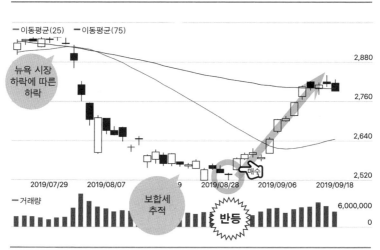

▼8058 미츠비시상사

저점을 찾는 기술

74 / '손절매'해도 추적하여 내 것으로 만든다

시세는 매도와 매수라는 리듬만 잘 타도 승률이 높아진다.

반대로 하면 손실만 끝없이 확대된다.

기본 중의 기본이다.

이를 개선하기 위해서 차트가 있고, 차트를 잘 이용하는 사람에게 기회가 있다.

이 종목은 세계적으로 알려진 우량기업이다.

우량기업의 대표라고 할 정도다.

닛케이 225 지수의 상장종목은 외국계 자본의 주요 매매 대상이 되며, 연기금(GPIF)이나 생명보험 등 기관 투자자의 운용대상이 되기도 한다.

따라서 미국 대통령의 발언으로 위험 회피, 위험 우려를 반복하는 **뉴욕 다우지수와도 연동**한다.

물론 중국과 연계된 사업이 많은 이 종목은 **중국의 경제 상황과도 연결**된다.

이들 움직임을 보며 시세의 방향을 예측하여 투자하면, 큰 손실 없이 안정적이고 높은 이익을 얻어갈 수 있다.

캔들 추세를 봐도 완만하게 내려가다가 오르고 있다.

중장기적으로 투자한다면 충분히 이익을 낼 수 있는 차트라고 하겠다.

다만 어느 정도 상승한 후에 올라타면, 상승과 하락의 폭에 영향을 받게 되므로 주의해야 한다.

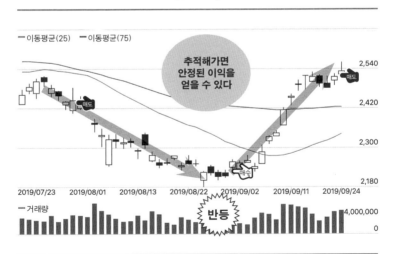

▼6301 코마츠

저점을 찾는 기술

75 / '오르락내리락' 사이클에서 기회를 잡는다

장외증권시장 종목은 특징상 자본금 규모도 크지 않고 부동주도 비교적 적어서, 급격하게 상승하고 하락한다.

캔들 움직임을 봐도 일정한 특징이 있고, 이를 해석하면 매수 시기와 매도 시기를 알게 된다.

거래량과 주가의 관계를 보면, **상한가 부근에서 거래량이 급증**하고 이후에는 매수 압박을 해소하기 위해 보합세가 이어진다.

마무리되는 시점에서 다시 꿈틀댄다.

이런 습성이 보인다.

강렬한 상승 전에 초기 움직임이 보이므로, 참전한다면 **초동에 잡아야 한다.**

만일 크게 상승하고 난 뒤에야 알아차렸다면, 이때 들어가서는 안 된다.

잠시 추적하다가 다음에 찾아올 '초동'을 노려야 한다.

신규 종목은 설령 움직이더라도 확 타오르다가 사그라지는 불꽃놀이처럼 될 가능성이 있으므로. 시기를 잘 잡아야만 한다.

재빨리 기회를 잡는다.

신속하게 매도하고 빠져나오는 습관이야말로 중요하다.

크게 변동하는 신규 종목은 특징을 알고 현명하게 들어가야 거래에서 승리한다.

▼ **3477 포라이프**

저점을 찾는 기술

76 / 알기 쉬운 '지그재그 보합세'로 이익을

주가의 일정한 리듬이 있으면 착수하기 쉽다.

주가는 '이렇게 되는 경우는 이렇다'라는 일정한 고점과 저점 사이클을 알면 매매하기 쉽다.

여기에 예로든 종목은 고점과 저점이 비슷하여 다루기 수월한 편이다.

물론 주가의 움직임은 어디까지니 과거의 것이며, 미래를 약속하지 않는다.

그래도 **주가의 특징**은 보인다.

이 차트를 보면 초심자든 전문가든 '이 종목은 **고점과 저점이 보합세다**'라는 인상을 받게 될 것이다.

따라서 여기에 투자한다면, 고점 한계와 저점 한계가 자연스럽게 눈에 들어온다.

결과적으로는 비슷하게 움직인다.

거래에서는 종목별 특징을 알고 전부 노릴 게 아니라 **적당하게 이익을 확보**하시길 바란다.

고만고만한 게 좋다.

그러려면 이와 유사한 종목은 크게 활용하시라.

주가에는 어떤 종목이든 상승과 하락, 고점과 저점이 있다.

그러나 어디가 바닥이고 어디까지 오를지는 솔직히 아무도 모른다.

따라서 **'왕래주'는 특징이 명확**하므로 꼭 활용하시기 바란다.

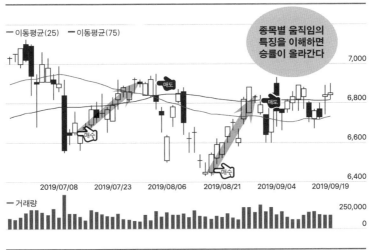

▼ **2670 에이비씨 마트**

저점을 찾는 기술

77 / 강세, 이동평균선과의 연결을 활용

주식투자에서 이익을 낼 기회는 변동이 다.

움직이기만 한다면 차익이 생긴다.

물론 내림세에서는 공매도 정도가 이익을 얻고, 순거래에서 상승하며 차익을 낼 때는 상하로 흔들릴 때 오르는 움직임을 노린다.

여기에서 예로 든 차트를 보자면, 25일 이동평균선에 비해 상승하기 시작한 시점에서 매도주문, 상방괴리가 커진 시점에서 손을 터는 게 좋다.

얼마 지나 25일 이동평균선까지 떨어졌을 때, 다시 상승 사이클에 들어간다.

이때 사들인다.

이처럼 오르락내리락하는 움직임을 놓치지 않고 차익을 얻어간다면, 어느 정도 이익 폭이 생긴다.

어느 종목에도 상하 파동이 있으므로 각각 종목의 상승을 잡으면 된다.

역행하면 흐름이 좋지 않다.

상승이 끝나는 시점에서 매수로 전환, 곧바로 고점을 맞이하며 순식간에 내림세에 맞닥뜨린다.

잠재손실이 커지고 손절매한 시점에서 다시 상승으로 돌아선다.

그야말로 '매도한 후가 높은' 전형적으로 틀린 리듬에서 매매하여 자금이 점점 줄어간다.

부정적 악순환이다.

이런 투자 스타일은 반드시 고쳐야 한다.

이기기 위한 투자 스타일은 상승 초기에 매수, 어느 정도 이익 폭을 남기고 빠져나오는 것뿐이다.

욕심부리지 말고 '어느 정도'에 철저하시라.

▼ **4974 타카라바이오**

78 / 테마를 노리고 '상승 초동'에 즉시 탄다

주가 움직임은 어느 정도 예측이 가능하다.

종목은 테마로 움직이기 때문이다.

이 시점에서는 미국 장기국채 금리가 하락, 장단기 금리가 역전하는 '역 일드(逆 Yield)' 현상이 회피되면서 뉴욕 시장에서 금융주가 상승했다.

경험칙에 따르면, 뉴욕에서의 움직임은 마치 사진 시세처럼 도쿄에도 파급력이 있다.

금융주에는 은행, 증권사 등이 있다.

주가변동을 보면, 업종으로 사들이는 경향이 있다.

은행은 썩 인기가 없어서 저평가에도 방치되는 편이다.

PBR(주가 순자산 비율)이 1배 이하, 즉 주가가 해당 회사의 청산가치 이하로만 매수된다는 걸 나타낸다.

금융주는 저금리 시대에는 운용 환경이 열악하여 인기가 없다.

인기는 가장 마지막에 생길 가능성이 있다.

다른 재료종목이 먹고 치워진 뒤 **마지막에 상승하는 것이 금융주**이므로 순서가 돌아올 때는 될 수 있는 대로 PBR이 낮은 종목을 노린다.

경력 있는 전문 투자자도 생각은 같은 법, 싼값에 방치된 종목을 사는 것이 일반적이다.

전문가가 노리는 종목을 자신도 노린다.
이러한 시각이 중요하다.
나 혼자가 아니라, 모두가 노릴 법한 종목을 노린다.
같은 무대에서 같은 생각으로 주가변동을 노리는 것이다.
여기에 이익 폭을 만들 기회가 생겨나는 법이다.

▼8614 도요증권

저점을 찾는 기술

8장

천장까지 주가와 함께 가는 기술

경험이 풍부한 투자자라면 잘 알겠지만, 적시에 주식을 사기보다
적시에 팔고 나오는 게 훨씬 어렵다.

라스 트비드(Lars Tvede)

낙숫물이 댓돌을 뚫는 법이다.

79 / 상승세에 편승했다면 '마지막까지'

주식투자에서 확실하게 돈을 벌려면, **좋은 종목에 탔거든 죽어라 따라가야 한다.**

매일같이 상승한 다음에는 대개 하락하는 주가를 보고 있노라면 이익을 실현하고 싶어진다.

이것이 투자자의 숨기지 못하는 마음이다.

그러나 한번 이겼어도 다음 단계에서 실패하면, 이겼다가 졌다가를 반복하다가 결국 근돈은 벌시 못한다.

그뿐인가, 아예 본전도 못 찾을 수 있다.

이를 회피하기 위해서 선순환하듯이 보이는 '대박주'에 올라탔다**면 금방 이익 실현에 나서지 말고 꾹 참으며 따라간다.**

차트를 보면, 이상적인 우상향 종목이다.

한창 상승세 중이므로 차분하게 대처해야 하는 움직임이다.

다만 깔끔하게 보이는 일봉이어도 잘 보면, 음봉과 양봉, 동시선 등이 뒤섞여 있다.

상승했나 싶으면, 다음날 하락한다.

상승해도 음봉이라면 다음 날은 하락하지 않을까 하는 불안에 휩

싸인다.

괜스레 손실 나는 건 아닐까 하며 초조해진다.

주가의 손실은 물론이지만, 벌어도 겁난다.

골칫덩어리긴 하지만, 그만두지도 못한다.

'금방 이익을 실현하는' 습관을 없애려면 해당 종목별 '투자계획'을 철저히 세워서 쉽게 손 털지 않는 방법을 세우시라.

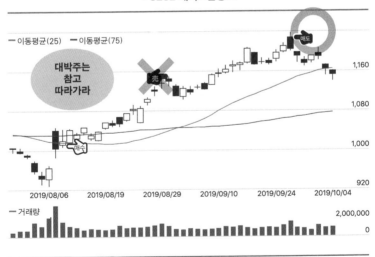

80 / '보합세에서 탈출하여' 이익을 놓치다

솔직히 내일 주가는 아무도 모른다.

따라서 눈앞의 이익은 일단 실현하시라.

이는 아는 이야기다.

그러나 모처럼 흐름에 탔는데도 '도중에 하차'한다면 얼마나 아까운가.

보합세가 끝나고 주가가 쑥쑥 오르면 다시 매수하려 해도 비용이 더 들기 때문이다.

마음을 정하고 재매수하면 단가는 높아지고, 고점에서 매수한 시점부터 얼마 지나지 않아 내림세에 접어들기도 한다.

이럴 때는 상승 도중에 차트와 같은 '보합세' 신호가 나오더라도 이미 매수한 사람의 '이익 실현 대기' 신호라고 해석하고, 끈기를 발휘하여 다음 고점을 따라간다.

전체 시세가 '저평가 수정'에 돌입했다면 더더욱 그렇다. 저평가된 종목에는 매수주문이 들어온다.

대세를 보고 수준을 조정하는 흐름이라면 솔직하게 따라가는 게 좋다.

주가는 중장기적 상승세가 시작해도 다소 오르락내리락한다.

매수 일변도가 아니라 이익 실현을 호도하며 오른다. 이런 흐름을 잘 이해하며 따라가야 한다.

그렇지 않으면 이익 폭은 커지지 않는다.

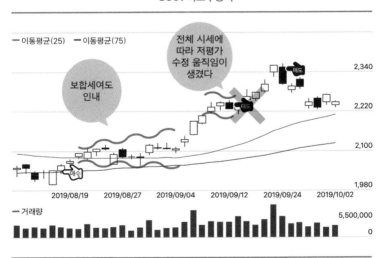

천장까지 주가와 함께 가는 기술

81 / 상승 '도중에' 편승해도
좋은 움직임과 나쁜 움직임

주식투자에서 이익을 잘 내는 사람은 '보합세'에서 판단 시점이 다르다.

여기에 예로든 종목이 저점을 벗어났다는 것은 누구나 안다. 그런데 하락하기 시작한 25일 이동평균선을 뚫었는데도 주저주저하고 있다. 이러면 '팔아야 하는데, 또 내려가면 어쩌지?' 하는 강박관념에 사로잡히기 쉽다.

그러나 어느 정도 매도가 나오고, 주가가 가벼워지면 다시 상승에 가속도가 붙는다.

중요한 건 이 시점까지 기다릴 수 있느냐다.

주가가 오르다가 주저주저한다면 나쁜 게 아니라 다음 비약을 위한 숨고르기 장임을 명심하시라.

이 시기를 기다릴 줄 아는 사람은 어떤 종목이 상승하더라도 열매만을 잘 따낼 가능성이 크다.

'주저주저'를 기다릴 수 있느냐 마느냐.

종이 한 장 차이와도 같은 순간에 자산 형성 여부가 결정됨을 알아야 한다.

바닥에서 오르다가 한숨 돌리고 다시 오른다.

대개의 종목에서 다소의 차이는 있어도 이런 식의 리듬은 충분히 생길 수 있다.

오르고는 쉬고, 다시 오른다는 일반적인 주가 리듬을 명심하셨으면 좋겠다.

주가란 한번 오르면 그대로 쑥쑥 치고 오를 것 같지만, 그런 꿈같은 일 역시 벌어지지 않는다는 것도 기억하시라.

긴 꼬리 캔들이나, 장대 음봉이 나오면 지체하지 말고 빠져나가시라.

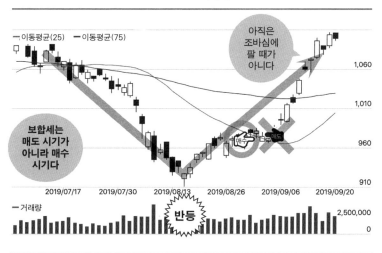

▼1802 오바야시

천장까지 주가와 함께 가는 기술

82 / 상승 '도중의 시련'을 버텨라

주가가 상승하는 도중에 심하게 들쑥날쑥하는 상황에 겁을 내다가 내빼는 경우가 있다.

주식투자는 공포와의 싸움이다.

주식을 매수할 때는 쉽게 흔들리지 않겠다는 신념이 필요하다.

하물며 차트상에서도 상승세에서 약간의 동요나 신용거래의 '담보금 증액'이라는 유혹을 이겨내지 못하면 향후 주가에서 얻을 과실을 따지 못하게 된다.

누구나 주가변동에서 이익을 바라며 거래하지만, **소형 세력주**라면 특성상 이를 쉽게 허용하지 않는다.

주가가 올라가는 도중에는 매수 시기도 있지만, 움직임이 약해지면 의도적인 '매도 작전'도 당연히 있다.

여기에 놀라지 말고 찬찬히, 추세를 점검해 가는 배짱이 필요다.

장대 음봉이 섞여 있더라도 **주가가 어디를 향하는지부터 봐야 한다.**

다소 등락이 있어도 목표로 삼은 곳이 위쪽이라면 이를 허락할 때까지 버티며 기다릴 정도로 심장이 튼튼해야 한다.

다소 흔들리더라도, 미동도 하지 않는 투자 스타일이 거금을 손에 넣는다.

주가 추세 중에 음봉이나 그렇게 길지 않은 위꼬리가 있으면 무심결에 허둥지둥하며 손에서 놓으려고 든다.

이것이 바로 매도 쪽의 의도다.

이기는 사람은 전체를 보고 당황하지 않는다.

그에 대한 보상이 처음으로 보는 큰 잠재이익이다.

주가는 때로 예상 밖의 움직임, 가격의 내림세나 이상한 오름세가 있다.

여기에서 예로든 종목은 참고일 뿐, 주가 상승이 약속된 것이 아니다.

▼ 3667 에니슈

천장까지 주가와 함께 가는 기술

83 / '거래량 증가'라는 상승에 편승하라

주가 상승이 진짜인지 아닌지는 거래량이 열쇠를 쥐고 있다.

별일도 없을 때 거래량 추이만 보고 방향성을 파악하기란 힘들지만, **거래량을 수반한 상승은 진짜라고 할 수 있다.**

거래량은 매도나 매수가 많을 때 증가하는 법이다.

매도를 소화하면서도 올라간다면 이해하기 쉽지만, 매수가 우세한 상황이다.

즉 가격 상승세가 강하다는 뜻이기도 하다.

가격이 높아진다는 건 분위기뿐 아니라 나름의 이슈가 있어서다.

실적은 물론, 시류를 타는 등 매력이 없으면 주가는 오르지 않는다.

매수하고 싶은 바람도 존재하지 않는다.

이러한 움직임에 편승하여 투자하면 기대한 성과가 있을 것이다.

물론 **매수하기 좋은 타이밍은 25일 이동평균선을 갓 뚫고 나갔을 때** 이야기다. 대천장처럼 **이동평균선과의 괴리가 분명해진 때는 아니다.**

괴리가 살짝 눈에 띄었을 때가 가장 적절하다.

이동평균선과의 괴리가 커진다.

즉 지나친 매수세 단계에서는 위험도 커지므로 대비해야 하며 상투를 잡게 될 우려도 생긴다.

이것만은 꼭 알아두시라.

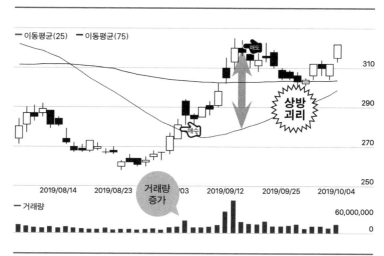

▼ **4689 Z홀딩스(구 야후)**

천장까지 주가와 함께 가는 기술

9장

세력주 특유의 특징을 읽는다

일반 투자자의 시장에 대한 오해.
시세가 뉴스에 따라 반응한다고 생각한다.
마크 와인스타인(Mark Weinstein)

겁에 질린 돈으로는 이기지 못한다. 질 여력도 없는 돈을 위험에 드러내면
거래에서 모든 감정적인 함정이 증폭되어버리기 때문이다.

84 / '상한가, 하한가'라는 격렬한 움직임

개인 투자자가 가격 변동이 거친 종목에 모이는 이유는 뭘까.

매수 후에 상한가를 기록하면, 주식이 백 주밖에 없어도 주당 5백 엔이던 주가가 주당 백 엔씩 오르면 이익 폭은 만 엔이 된다.

5만 엔을 투자해서 1만 엔이나 이익이 났으므로 달콤한 과실임은 틀림없다.

그러나 **자칫 반대로 움직이면 일시적일지라도 손실이 만 엔이 될 수도 있다.**

그래도 여기에 돈이 모이는 건, '텐 버거', 즉 10배 주라는 꿈이 있어서다.

로또보다도 확률이 좋다. 경마나 슬롯머신보다 낫다면 그뿐이지만, 어쨌든 개인 투자자들은 도박을 좋아하는 것 같다.

여기에 편승하여 세력도 구름떼처럼 몰려들어 주가를 조종한다.

차트에 예로 든 암호 관련 종목은 실적과는 관계없이 가격 변동이라는 재미만으로 자금이 모인다.

2백 엔대에서 시작하여 최고가인 1천4백 엔까지 오르는 데 한 달 걸렸다. 일곱 배다.

어쩌면 열 배도 꿈은 아니다.

그러나 세력도 주가도 의도적이어서 그런지 쑥쑥 오르질 못한다.

매수가 모여서 급등하면, 매도가 쏟아져 나와 장대 음봉을 형성하고 하한가를 친다.

상한가, 하한가.

전형적인 세력주의 주가는 격렬하게 오르고 내린다.

파도에 잘 타면 이익을 얻지만, 주가의 급격한 변동은 공포와의 싸움이다.

이를 명심하고 대처하시라.

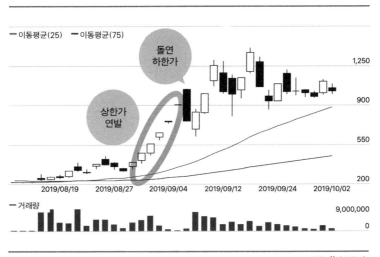

▼ **3747 인터트레이드**

세력주 특유의 특징을 읽는다

85 / '의도적으로 움직이는' 세력주의 특징

아파트 부실공사로 큰 문제가 되어 사업주의 신용을 잃고 엎친 데 덮친 격으로 임차인의 이주와 수리공사 때문에 정신이 없는 기업의 주가가 문제발각에서 1년이 지나서 놀랍게도 오르락내리락 한다.

왜 이처럼 악재투성이 기업의 주식을 사들이냐, 왕년 세력인 구(舊) 무라카미 펀드가 움직였기 때문이라고들 했다.

펀드가 왜 사들였을까? 2백 엔대(최저가 185엔)인 주가에 매수 하여 개혁 및 실적 회복 후 매도하여 빠져나갈 속셈이었기 때문 이다.

이렇듯 세력주는 특징적으로 **악재와 주가를 상승시키는 호재가** 혼 재해 있다.

강약이 대립하는 곳에, 매도와 매수가 대결하며 가격이 요동 친다.

이러한 거친 기세가 주가 변동성에 반영되어 참가자들의 재미가 되기도 한다.

통상적으로 주식을 매수할 때는 실적향상을 기대한다. 악재가 산

재해 있어도 해당 회사가 최악의 상황을 벗어난 이후를 염두에 두기 때문에 경영상황이 나빠도 매수 가능성은 있다.

더욱이 신용비율을 보면 매도와 매수가 대결하고 있어서, 주가변동은 더욱 요동친다.

주가의 거친 가격 변동 자체가 이슈로 인식되기 쉽다.

이것이 세력주의 특징이다.

이 종목의 가격 변동은 세력주여도 그렇게 거칠지 않다. 상승세와 내림세가 한 방향이므로 위험은 적을지 모른다.

주가가 실적에 상관없이 움직이는 전형적이 사례다.

▼ 8848 레오팔레스21

부실공사로 실적이 악화했는데도 세력주가 움직이면 오른다

이동평균(25)　이동평균(75)

380
315
250
185

2019/05/15　2019/06/06　2019/06/28　2019/07/23　2019/08/15　2019/09/06　2019/10/02

거래량
30,000,000
0

http://minkabu.jp

세력주 특유의 특징을 읽는다

86 / '국책을 배경'으로 생각이 움직인다

국책주는 굳이 말하지 않아도 매수해야 한다.

사업을 국가가 후원해 주는 것이므로, 인기가 생기는 것도 당연하다.

그러나 미리 대비해 둔 것 같은 이 캔들.

상승은 단 이틀이었다.

이후로는 고점 보합세에서 슬금슬금 내려가고 있다.

캔들로도 알 수 있듯이 이러한 움직임에서는 거래량이 증가한 첫째 날과 둘째 날, 그것도 시작가로 산 사람만 이익을 냈다. 이 순간에 사들이지 못했다면 이익은 거의 없다.

여기서는 **거래량이 늘지 않도록 비밀스럽게 사들여서 한꺼번에 거래량을 늘리며 상승한 명백하게 의도적인 움직임**이다.

그야말로 세력주 중 세력주다.

이 종목은 국책과 관계가 있으므로 이동평균선에 도달했을 즈음에 다시 의도적 상승이 있을지도 모르지만, 초동의 장대 양봉에서 매매하지 않으면 기회는 없을 것이다.

급격한 거래량 증가는 인터넷상으로도 뚜렷하고 순위에도 나타나므로 9시부터 15시까지 사이에 매매해 두는 게 전제다.

단 하루, 그래도 하루.

9시부터 15시까지는 휴식시간 포함하여 6시간이다. 온종일 호가창을 보지 못하는 사람이라도 점심시간은 있다.

이때 매매할 수 있는 사람이 이긴다.

세력주는 단기간에 끝날 때도 있고 상당한 시세차익을 낼 수도 있다.

영리하고 빠르게 거래하시기 바란다.

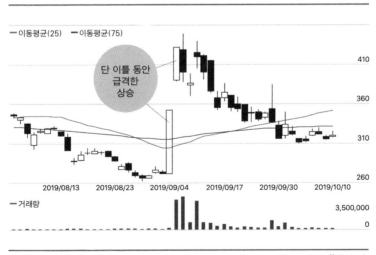

▼1447 ITbook홀딩스

세력주 특유의 특징을 읽는다

87 / '시세의 흐름'을 활용한 신규매매

세력주라도 투자자에게 기회를 주는 움직임도 있다.

왕년에 세력주였던 조선주가 그렇다.

바닥에서 '냄비 바닥형'으로 움직이는 주가는 거래량을 늘리면서 오르고 있다.

다만 전체 시세가 움직이며 주는 영향도 있어서 주가의 움직임과 거래량에 지속성이 있으며, 금방 시들해질 것 같지는 않다.

실적으로 매수가 좌우되는 기업은 아니므로, 확실한 '매매 주문'에 의한 시세일 뿐이다.

몸통의 길이가 짧은 캔들을 봐도 알 수 있듯이 이런 종목의 시세는 호흡이 긴 편이다.

장외증권시장의 종목이 아니라 자본금도 크므로 간단히 거래량과 주가를 만들지 못한다.

굳이 꼽자면, **전원 참가형 세력주**라고 할 수 있다.

세력주임을 알고 참가한다.

이와 같은 가격 움직임과 주가도 존재한다.

이러한 움직임에는 투자자가 대부분 편승했을 것이므로, 기회를 자신의 것으로 만들어야 한다.

세력주는 단기간에 승부가 나기도 하지만, 비교적 오래 가기도
한다.

차트에서 이런 종목에 편승할 기회를 찾으려면, 이미 설명해 드
린 대로 보합세에서의 탈출에 주목해야 한다.
이때 올라타서 어느 정도 시세차익이 나면 도망가시라.

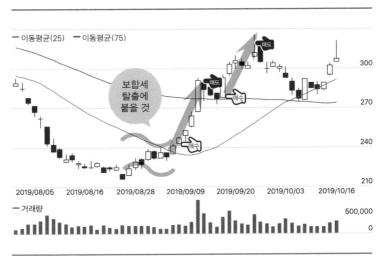

▼ **7014 나무라조선소**

세력주 특유의 특징을 읽는다

88 / '기업 흡수'로 몰리는 인기

주가는 다양한 이슈로 움직인다.

이 종목은 여성에게 인기가 큰 브랜드지만, 경영이 만족스럽지 않았다. 그런데 대형 신사복 기업을 흡수한다는 움직임이 포착됐고 실적의 안정화라는 기대감이 선반영되면서 사람들이 몰렸다.

다만 장외증권시장 종목으로 이슈가 겨우 하나. 상승 후에 더 오른다고 생각하지는 않았는지 시세는 길게 가지 않았다.

재료주이긴 하지만, 사전에 알고 있던 향방이 있으므로 **'먼저 드는 사람'이 유리한 주가**의 움직임이다.

주가도 지극히 낮은 수준이므로, 양으로 나선다면 시세차익을 꽤 낼 수 있다.

다만 상승 기간이 사흘밖에 없고, 향후 같은 움직임이 있다고 하더라도 이슈를 소화하고 남은 부스러기이므로 단기간에 끝난다는 것을 알아두셨으면 좋겠다.

기업 흡수는 호재임은 틀림없지만, 현실에서 이뤄지려면 시간이 필요하다.

그 때문에 **이렇게 움직이는 주가는 '단기 승부'가 필수다.**

하루나 이틀 승부라고 다짐하고 임하는 게 좋겠다.

이런 종목을 '성장주' 등으로 오해해서는 안 된다.

생각이 우선한 움직임이므로 바로 다음에 매수는 사람은 없다.

세력주는 차례차례로 세력과 물건을 바꾸며 다른 종목이 등장한다.

먹고 남은 부스러기다.

이를 알고 대응해야 하며, 하나의 종목에 집착하면 실패도 많아진다.

조심해야 한다.

▼ **7829 사만다타바사재팬**

세력주 특유의 특징을 읽는다

89 / '세력의 기세'에 매수를 향하다

5G시대를 바라보고 있는 휴대전화 사업은 세력화하기 쉽다.

종목에 따라 신규매매 세력도 다르고 누가 산다고 하면 좋아서 매수하는 식의 신규매매가 성공할지는 해보지 않으면 모른다.

총무성의 휴대전화 요금 가격 인하 방침에는 향후 통신사든 비용 절감이든 뭐든 같은 모래판에 올려 경쟁을 붙여서 이용자의 부담을 줄여주겠다는 의도가 보인다.

이 와중에 서랍에 잠자고 있던 중고휴대전화가 주목을 받았다.

처음에는 실적이 호전되리라는 기대에서 매수했지만, 거래량을 수반하며 올라가자 '꿈이여, 다시 한번'이라는 마음에서 매수가 매수를 부르는 전개가 펼쳐졌다.

다만 거래량은 증가해도 고점 도전에 대한 불안도 있어서 이익을 실현하려는 움직임이 끊이지 않는다.

긴 보합세 끝에 창이 열리며 최고가를 갱신했지만, 세력이 의도한 대로 거래량이 증가하거나 최고가도전으로 이어지지 않았다.

세력주로서 성립하느냐 마느냐는 시의성 여부에 달려있다.

그런 의미에서 이 종목은 파도에 타기 쉬운 이슈가 있으므로 시선이 집중된다.

이 시점에서는 수직으로 오른 최고가에는 아직 못 미쳤으므로 참가할 여지가 있다.

다만 세력주로서의 성패는 보장되지 않으며 이러한 시도에는 일단 작게 소량 매수하는 도전형식이 좋겠다.

일단 사보고, 움직임을 보며 다음 수를 생각하는 방법이 바람직하다.

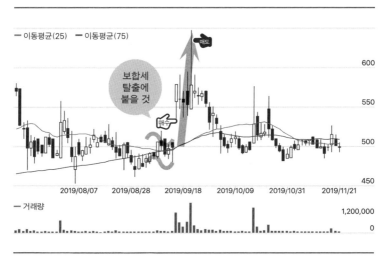

▼9425 닛폰텔레폰

세력주 특유의 특징을 읽는다

90 / 게임주는 '다운로드가 생명'

세력주인지 아닌지 가늠하기 힘든 면도 있지만, 장기간 보합세이던 종목이 갑자기 인기를 끌었다.

방아쇠를 당긴 건, 역시 게임주의 생명인 '다운로드 기세'다.

투자자도 이러한 경향을 숨죽여서 주목하고 있지만, 예상밖의 수치가 쏟아져 나오다 보니 따지고 자시고 할 새도 없이 매도가 몰리고 상한가 연속이다.

이러한 종목을 신규 매매할 때는 매수에 주저해서는 안 된다.

되든 안 되든 일단 소량매수로 갈 수밖에 없다.

일봉을 보고 있어도 시작가에서 갑자기 상한가는 아니지만, 결과적으로 바싹 붙어 있다.

그것뿐이다. 이 종목에는 '슬슬 한계?'라는 생각을 떨칠 수 없다.

장기간에 걸쳐 하락하다가 보합세였던 과거의 추세가 투자자를 신중하게 만들었다.

게임이 대박이 날지는 공개해 보지 않으면 모를 일이다. 어떤 의미에서 도박이 될 수도 있지만, 그만큼 강약이 대립하기 쉽다.

주가가 8백 엔, 9백 엔대였으므로 '일단 사보자는' 용기가 필요하다.

주가를 뒤좇다가 상한가가 되고 나서 매수한들 때는 늦다.

세력성도 있지만, 실적이 연동되는 종목은 거래량을 믿고 매수로
향할 수밖에 없다.

'거래량은 거짓말을 하지 않는다.'

주가에는 기세가 필요하다.

거래량에 기세가 있다면, 오른다.

여기에 편승한 사람이 세력주에서 이길 수 있다.

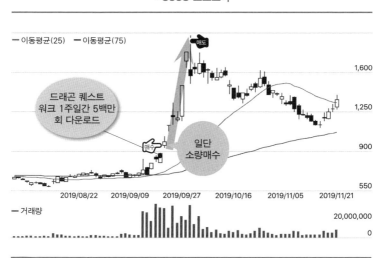

▼ **3668 코로프라**

세력주 특유의 특징을 읽는다

91 / '왕년의 세력주'의 저점, 매수할 것인가

세력주로 크려면 세 가지 요소가 필요하다.

주가 천 엔 이하. 자본금 소규모. 강약의 이슈 유무.

이것이 핵심이다.

여기에 예로든 종목은 앞으로 점점 중요해질 '시큐리티 관련' 종목이다.

그런 뜻에서 지문인증이라는 묵직한 이슈가 있다.

반면에 실적 난이라는 부정적인 면도 있다.

그런데도 자금이 모이는 이유는 과거에 몇 번이나 세력화한 실적이 있어서일 것이다.

한번 훅 뛰어오르면 시세차익이 상당할 거라는 생각이 있다.

내려가도 마침내는 오를 것이라는 해당 종목만의 독특한 습성이 주목을 받고 있다.

세력에 참가하는 건 어떤 의미에서 '과감함'이 중요하다.

과감함이 없으면 '우승마'에 올라타지 못한다.

매매에는 여러 요소가 있지만, 뭐니 뭐니 해도 과거에 급상승한 적이 있다는 강력한 사실이다.

움직임을 끌어낸 방아쇠는 거래량이다.

이를 신호로 주가는 급등하게 된다.

될 수 있으면 **봉화가 지펴지기 전, 약간의 거래량 변화와 캔들에 주목하여 사두시길 바란다.**

상한가부터 좇는 것은 세력주인 탓에 위험이 따른다.

실패가 없으려면 '초동'에 잡아야 한다.

그러면 이제 시세차익을 노려 빠져나가면 된다.

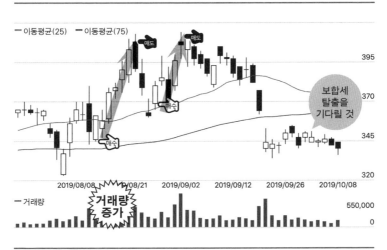

▼ 3782 디디에스

세력주 특유의 특징을 읽는다

92 / '실리콘 사이클'에 거는 생각

주식은 물론, 시세다.

해당 종목, 즉 기업도 마찬가지로 '시세의 세계'다.

반도체 관련 등도 수요와 공급으로 가격이 결정되는 시세의 세계다.

애써서 생산해도 가격이 낮으면 이익으로 연결되지 않는다.

이때 시장은 반도체 시세가 어떻게 움직이는지 주목하고 선행된 시세가 강해지리라 판단하면 관련 종목에 투자한다.

이것이 반도체 관련하여 말하는 '**실리콘 사이클**'이다.

예전부터 **반도체 시장을 선점**하려는 의도 때문에 세력주라는 말을 들어왔다.

주식에 투자하기 전에 해당 기업의 실적이 결정되는 배경을 반드시 알아야 한다.

향후 밝은 뉴스가 기대된다면, 투자한 돈은 점점 늘어 때론 몇 배가 되기도 한다.

이러한 생각, 시선이 쏠리는 곳이 중요하다.

무턱대고 아무거나 산다고 다가 아니다.

기업환경에 따라 하락하는 종목이 있는가 하면, 상승하는 종목도 있다.

핵심은 '승자 쪽'에 투자하는 것이다.

이러한 선구안이 없으면 기대만큼 성과는 오르지 않는다.

주가변동의 배경에는 반드시 투자에 가치가 있는 경제적 움직임, 기업 활동에 긍정적인 움직임이 있다.

옥석을 가려낼 줄 알아야 한다.

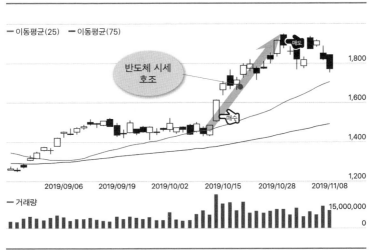

▼ 3436 섬코

세력주 특유의 특징을 읽는다

93 / '기업회생'에 모이는 생각

실적이 더는 신장하지 않을뿐더러 경영이 난관에 부딪히며 자금
난에 빠질 때가 있다.

해당 기업의 제품이 업계에서 매우 중요하다면 도산이나 폐업에
이를 때까지 손 놓고 있을 수 없다.

공급망이 파탄 나면, 한 기업의 문제가 아니라 업계 전체, 나아가
산업계는 물론 국가적 경제문제로 발전하기 때문이다.

조금 과장됐을지 몰라도, 국가 경제는 다양한 기업이 복잡하게
얽혀있으며 상호 관계로 성립된다.

여기에 예로 든 기업도 마찬가지로 가만둘 수 없다.

대형 자동차 브레이크 업체다.

브레이크 없이 자동차가 존재할까.

채권자가 채권을 포기하더라도 존속시킬 필요가 있다.

이렇게 주가는 '속사정'을 배경으로 형성된다.

필요한 기업이며 재건이 예상된다.

여기에 투자자의 돈이 모인다.

더욱이 존속 자체가 위태위태하여 주가는 매우 낮다.

주가가 저가에 머무르고 있어서 매력이 높아지고 자금도 모인다.

주가와 기업가치, 부활이라는 생각이 투자 의욕을 자극한다.

주식으로 향하는 돈이 잘 나가는 우량기업에만 몰리지 않는다.

빈사 상태의 기업이라도 주가와 비교하면 매수 여지가 있다면, 자금이 모이고 그것이 세력성 움직임이 되어 매력적인 추세와 차트를 만든다.

▼ 7238 아케보노브레이크공업

세력주 특유의 특징을 읽는다

94 / '보합세 탈출'에서 본령 발휘한 주가

　세력주라고 하더라도, 주가의 움직임은 차트의 이치 없이는 이야기할 수 없다.

　이 종목은 중기간 우상향이다.

　역시 게임주의 인기에 편승하고 있으며, 기술적으로는 우상향.

　가깝게는 '보합세 탈출'을 연출하며 고점을 좇는 모양새였다.

　주가의 움직임이나 거래량은 거짓말하지 않는다.

　거래량을 수반하며, 새로운 시세가 전개된다면, 매수하려는 사람이 증가하므로 주가는 더 높은 곳을 향해 간다.

　사니까 오른다.

　오르니까 산다.

　이렇게 선순환이 이어지면, 더 높은 가격을 목표로 삼게 된다.

　즉 주가가 멈칫대지 않고 이익을 실현하려는 매도를 소화하며 더 높은 곳을 향하고 매수는 부풀어 오른다.

　물론 주가가 고점을 노리려면, 예상보다 게임이 잘 팔리고 있다는 등의 이슈가 필요하다.

　이슈가 순풍이 되며 주가는 기세등등해진다.

　이러한 선순환을 느끼며 위험을 제거한다.

이러한 투자 스타일에 보상이 따르기 때문이다.

주가는 어떻게 움직이는지가 중요하다.

미동도 없는 종목에 자금은 모이지 않는다.

인기가 없는 종목을 역거래로 노리는 것도 좋지만, 단기적으로 수익을 내는 세력주에서는 시세차익이야말로 매력이 된다.

▼ **3758 아에리아**

　　　　　　　　　　　　　　　　　　세력주 특유의 특징을 읽는다

95 / '공매도가 잘 들어오면' 주가는 날아오른다

인기의 화장품 종목.

PER(주가수익률)의 수치는 높으므로 주가가 상승하면 스리슬쩍 공매도가 들어온다.

이를 연료 삼아 주가가 날아오른다.

그야말로 매도와 매수가 부딪히는 세력적 움직임을 보이는 주가 변동이다.

이렇게 화려한 움직임에 개인도 펀드도 몰려든다.

물론 주가는 마냥 오르지 않는다.

펀드 결산 등 상황에 따라 이익을 실현하려는 움직임이 격렬해지면 공매도 움직임도 따라 들썩이고 가격 움직임도 거칠어진다.

때로는 급락하기도 한다.

그러나 이 순간의 **급락이 바로 기회다.**

이때 매수하지 않으면, 다음 급등 시 열매를 맺지 못한다.

주식투자는 사람들과는 반대로 가야 성과가 난다.

특히 이 종목은 급락이 있으면 급등도 있다.

이러한 특징을 염두에 두고 급락 시 매수, 보합세 탈출에서 매수한다는 기조로 있으면 주식투자에서 성과 올리기 쉽다.

공매도까지 끌어들이며 격렬하게 움직이는 주가.
이것도 투자의 묘미다.
파도에 잘 타서 현명하게 이익을 얻으시길 바란다.
급락한 장면에서 '여기다'라고 적확히 찍어내는 투자자가 성공하는 법이다.
이러한 요령을 익히시라.
주식투자는 때로 흐름에 역행할 필요도 있다.

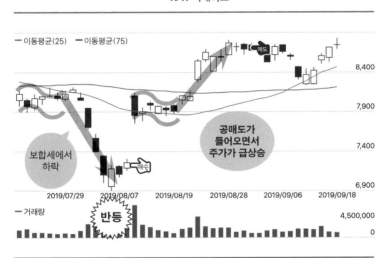

▼ **4911 시세이도**

— 이동평균(25) — 이동평균(75)

8,400
7,900
7,400
6,900

보합세에서
하락

매수

공매도가
들어오면서
주가가 급상승

매도

2019/07/29 2019/08/07 2019/08/19 2019/08/28 2019/09/06 2019/09/18

— 거래량

반등

4,500,000
0

http://minkabu.jp

세력주 특유의 특징을 읽는다

96 / '급등급락의 파도'에 타시라

바이오 관련주는 꿈을 산다는 측면이 있으므로 강약이 대립하기 쉽다.

약이 널리 상용되는 데 따른 실적이라는 장점이 강한 이슈가 된다.

반대로 '임상시험이 실패하지 않을까, 약값은 얼마나 될까' 하는 불안감도 있다.

주가는 호재, 악재가 대립하며 매매 균형이 심하게 이긋난다.

급등급락이 반복되며 여러 생각이 부풀어 오른다.

여기에 예로 든 종목의 움직임을 보면 알겠지만, **보합세 탈출 후에는 급등급락이 반복되며** 강약이 대립이 그대로 캔들 움직임에 나타난다.

가격 움직임이 격렬한 장면에서는 거래량이 증가하므로, 주가 진폭은 싫어도 격렬해진다.

이러한 가격변동, 거래량에 매력을 느낀 투자자의 돈이 집중하여 싫든 좋든 상승세가 된다.

세력주의 특징은 '가격 움직임이 격렬'하다는 데 있다.

호가창에도 현기증이 날 정도로 가격이 오르락내리락하여 눈이 아플 정도다.

매도와 매수의 정면승부가 굉장한 인기를 찾아 돈이 모인다.

하락에 매수, 상승에 매도라는 리듬을 잃지 마시라.

당연히 세력주는 위험이 크다는 것을 알고 매매해야 한다.

반대로 하면, 자금이 줄어들 게 뻔하다.

성공하는 리듬에 타야 한다.

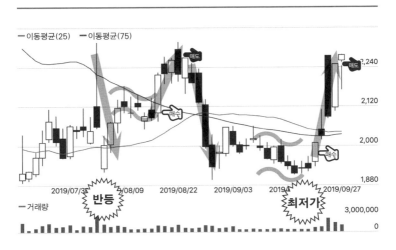

▼ **4588 온콜리스바이오파마**

세력주 특유의 특징을 읽는다

10장

게임주에서 보는 차트의 심리학

주식투자에서 성공하려면 큰 폭으로 가격이 상승하는
몇몇 종목이 필요하며, 이들 종목에 따른 장점은
기대에서 벗어난 주식의 손실을 얼마나 잘 메우느냐다.

피터 린치(Peter Lynch)

성장주란 드림 스톡(꿈으로 만들어진 주식)을 말한다.

월터 구트만

97 / '업계 최고' 종목의 전투법

　여기에서 예로 든 기업은 일본의 게임업계의 하드웨어와 소프트웨어 모두에서 선두를 달리는 명문 기업이다.

　그만큼 주가 수준도 높고 백주에 4백만 엔이나 한다. 초심자는 선뜻 나서기 힘들다.

　장기 추세를 보면 상승과 하락을 반복하지만, 최근에는 상승세다.

　어쨌건 시장의 인기도가 높은 수출관련주 등 미국 내통령의 움직임에 좌우되는 종목에 나서야 할 국면은 아니므로, 이와 관계가 없는 게임주가 유리하다.

　주식투자에서는 테마를 놓치지 않는다, 제외하지 않는다. 이것이 중요하다.

　일봉을 보면, 최저점을 찍고 급격히 오르고 있다. 게임의 대본명에도 순서가 돌아왔다는 견해가 있다. 초고가주만의 변화율도 있다.

　안정된 기업인만큼 해당 종목으로 범위를 좁혀서 현명하게 거래하는 것도 투자대상으로는 훌륭하다.

중요한 건 **기세가 상승하는 중에는 덤벼들지 말아야 한다.**

투자자는 심리적으로 '오르면 사고 싶어진다.'

상승할 때 달려들면, 그 위로 가지 않는다.

상승세에서 아래로 뚝 떨어질 때도 실적 면에서의 불안은 적다.

일시적인 조정은 오히려 기회라고 보는 게 현명하다.

몇 번이나 강조하지만, 투자에서는 고점을 좇지 말고 눌림목, 조정일 때 사들이는 게 중요하다.

더욱이 싸니까 산다, 이것만으로는 제대로 굴러가지 않는다. 내려갔을 때를 놓치지 않고 사들이는 것이 전제다.

이것만은 지키셨으면 한다.

▼**7974 닌텐도**

게임주에서 보는 차트의 심리학

98 / 장기투자라면 하락하더라도 '이쯤에서 반등'을 노려라

주가에서는 '파동'이 중요하다.

지금, 방향이 상승세인가 내림세인가.

이 종목은 초장기적으로는 하락해 왔지만, 조금 뒤에는 반등으로 바뀌었다.

여러 사업을 전개하며 이익을 내는 체질로 바꾸려는 노력이 성공했다고 할 수 있다.

일봉에서 주가 움직임을 보면, 오르락내리락하면서도 방향은 우상향이다.

캔들에서도 알 수 있듯이 **급격히 상승하며 장대 양봉이 나온 뒤에는 음봉이 잘 나온다.**

이러한 종목별 특징을 파악하는 것이 주식에서 이기는 요령이다.

이러한 특징에서 보자면, 대개 큰 상승 후에는 눌림목이 만들어진다.

문제는 상승에 덤벼들면 이후 손안의 평가는 마이너스가 되기 쉬우므로, 당황하여 매수하지 말아야 한다.

참았다가 눌림목에 매수한다.

이것으로 잠재이익을 손에 넣을 수 있다.

어떤 종목이든, 고점에 덤벼들어 봐야 좋은 일은 없다.
있다면 눌림목을 만들지 않고 움직이는 종목 정도다.
이 종목은 그만한 기세는 아니며 **상승 후에는 시간을 들이며 매도를 소화하고 상승**하는 경향이 있으므로 이를 역행해야 한다.
'사고 싶다'라는 기분은 알지만, 잠시 인내하며 캔들 형태를 꼼꼼히 보고, 시기를 놓치지 마시라.

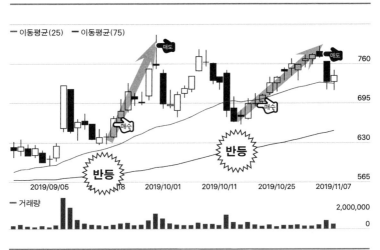

▼ 3903 구미

게임주에서 보는 차트의 심리학

99 / IPO 관련주 대처법

인기 종목인 'KLab'과 게임 앱이 제휴한 게임개발 회사로, 집필 시점에서 3개월 전에 갓 신규 상장한 곳이다.

순조롭게 인기가 생겼으며, 고점을 기록하고 있다.

2천 엔 부근에서 주가는 가볍게 천 엔씩 오르고 있으며, 게임 앱 매출 동향에 따라서 더욱 최고가를 목표로 삼을 가능성이 크다.

차트는 1개월 가깝게 보합세를 지속한 끝에, 최고가에 도전하는 움직임을 보였다.

이러한 종목은 **위꼬리가 실선(몸통)이 되어가는 시기를 잡으시라.**

장기적으로도 주가에 실적이 반영될 것으로 보이므로 눈앞의 이익에 흔들리지 말고 찬찬히 고점을 따라 올라가는 투자 스타일이 좋을 것이다.

인기 종목, 앞으로 평가받을 것 같은 종목이라면 안이하게 이익 실현에 나서지 말고, 가격 상승을 충분히 음미하시라.

기업공개(IPO)한 지 얼마 되지 않은 종목은 싸게 시작해서 이익이 평가받는 시점에서 최고가를 노리는 것이 현명한 대처법이다.

신규 상장인 만큼, 발행 주수도 적으므로 가격 움직임은 거칠다.

이러한 가격 움직임에 매력을 느끼고 'IPO 전문' 투자를 하는 사람이 많다.

상장한다는 것은 그에 걸맞은 실적이 있다는 뜻이고, 이것이 매력이다.

그러나 발행 시 지나치게 높이 평가받고는 하락하는 종목도 많으므로, IPO라고 다 좋은 건 아니다.

주가 추세나 특징을 살펴서 상승세에 올라타야 한다.

▼ **7803 부시로드**

게임주에서 보는 차트의 심리학

100 / '상한가 종목'의 관련주 대처법

   게임 앱 세상은 오로지 한 회사에서 개발하는 게 아니라 제작과정에서 협업도 많다.

   그 때문에 협업하는 회사의 주가가 급상승하면, 관련 종목도 뒤늦게 연동하는 일이 많다.

   이를 노려서 이익을 내는 방법도 있다.

   이 종목은 예전에 인기가 있어서 상당한 상승을 연출했던 덕에 주가 수준도 높다.

   그 때문에 주가는 우상향이지만, 목표주가(증권회사 등의 애널리스트가 자체적으로 예상하는 주가 수준을 일컬음)를 증권회사가 끌어내리려고 한다.

   그러나 **증권회사의 '목표치 끌어내리기'는 썩 신용할 만하지 않다.**

   자신들이 매매하고 싶을 때, 주가를 혼란시키는 작전을 쓸 가능성이 크기 때문이다.

   주식시장은 그야말로 온갖 소문이 판치는 세상이다.

   무엇을 믿을 것인가.

바로 시세뿐이다.

오르는가 내리는가.

거래량은 늘었는가 줄었는가.

그것뿐이다.

눈앞에 있는 주가 움직임 이외에 믿을 건 결코 없다.

명심 또 명심하시라.

주식투자는 인기가 오르는 한, 일시적으로 조정을 받는다.

즉 사람이 가는 길의 이면을 가야 한다.

거기에 이길 수 있는 요소가 있다.

이런 종류의 종목은 보합세 탈출할 때를 목표로 삼으시라.

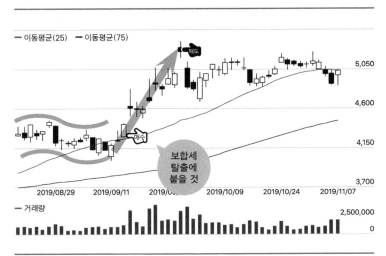

▼9684 스퀘어 에닉스 홀딩스

게임주에서 보는 차트의 심리학

옮긴이 **이정은**

중앙대학교 무역학과를 졸업하고 일본대학 문리학부 국문학과를 4년 수료하였다. 현재 번역 에이전시 엔터스코리아에서 일본어 전문 번역가로 활동하고 있다.
주요 역서로는《내가 나에게 하는 말이 내 삶이 된다》,《최고의 프레젠터가 되는 프레젠테이션 성공의 비밀》,《돈을 벌고 싶다면 숫자에 주목하라》,《기획초보자가 알아야 할 85가지》,《숫자 센스로 일하라》,《30세가 되기 전 승부하라》등이 있다.

주식 차트의 神신 100법칙
:49년 주식 고수의 차트 읽는 법

2023년 10월 10일 개정판 1쇄 발행

지 은 이 | 이시이 카츠토시
옮 긴 이 | 이정은
발 행 인 | 최봉규

발 행 처 | 지상사(청홍)
등록번호 | 제2017-000075호
등록일자 | 2002. 8. 23.
주   소 | 서울 용산구 효창원로64길 6 일진빌딩 2층
우편번호 | 04317
전화번호 | 02)3453-6111 **팩시밀리** | 02)3452-1440
홈페이지 | www.jisangsa.co.kr
이 메 일 | jhj-9020@hanmail.net

한국어판 출판권 ⓒ 지상사(청홍), 2023
ISBN 978-89-6502-323-4 03320

* 잘못 만들어진 책은 구입처에서 교환해 드리며, 책값은 뒤표지에 있습니다.

주식 데이트레이딩의 神신 100법칙

이시이 카츠토시 | 이정미

옛날 장사에 비유하면 아침에 싼 곳에서 사서 하루 안에 팔아치우는 장사다. '오버나잇' 즉 그날의 자금을 주식 시장에 남기는 일을 하지 않는다. 다음 날은 다시 그날의 기회가 가장 큰 종목을 선택해서 승부한다. 이제 개인 투자자 대다수가 실시하는 투자 스타일일 것이다.

값 17,500원 | 국판(148x210) | 248쪽
ISBN 978-89-6502-307-4 | 2021/10 발행

주식의 神신 100법칙

이시이 카츠토시 | 오시연

당신은 주식 투자를 해서 좋은 성과가 나고 있는가? 서점에 가보면 '주식 투자로 1억을 벌었느니 2억을 벌었느니' 하는 책이 넘쳐나는데, 실상은 어떨까? 실력보다는 운이 좋아서 성공했으리라고 생각되는 책도 꽤 많다. 골프 경기에서 홀인원을 하고 주식 투자로 대박을 낸다.

값 15,500원 | 국판(148x210) | 232쪽
ISBN 978-89-6502-293-0 | 2020/09 발행

세력주의 神신 100법칙(개정판)

이시이 카츠토시 | 전종훈

이 책을 읽는 사람이라면 아마도 '1년에 20%, 30%의 수익'이 목표는 아닐 것이다. '짧은 기간에 자금을 10배로 불리고, 그걸 또 10배로 만든다.' 이런 '계획'을 가지고 투자에 임하고 있을 것이다. 큰 이익을 얻으려면 '소형주'가 안성맞춤이다. 우량 종목은 실적이 좋으면 주가 상승을…

값 17,500원 | 국판(148x210) | 240쪽
ISBN 978-89-6502-322-7 | 2023/08 발행

7일 마스터 주식 차트 이해가 잘되고 재미있는 책!

주식공부.com 대표 가지타 요헤이 | 이정미

이 책은 '이제부터 공부해서 주식투자로 돈을 벌자'라는 방향으로 차트 및 테크니컬 지표를 보는 법과 활용하는 법이 담겨있다. 앞으로 주식투자에서 '기초 체력'이 될 지식을 소개하며, 공부 그 자체가 목적이 되면 의미가 없으므로, 어려워서 이해하기 힘든 내용은 뺐다.

값 16,000원 | 신국판(153x224) | 224쪽
ISBN 978-89-6502-316-6 | 2022/05 발행

텐배거 입문

니시노 다다스 | 오시연

틈새시장에서 점유율 1위인 기업, 앞으로 높이 평가받을 만한 신흥기업을 찾아내 투자하는 것이 특기였다. 그 결과 여러 번 '안타'를 칠 수 있었다. 10배 이상의 수익을 거두는 이른바 '텐배거' 종목, 즉 '만루 홈런'은 1년에 한 번 있을까 말까다. 하지만 두세 배의 수익을 내는 주식…

값 16,000원 | 국판(148x210) | 256쪽
ISBN 978-89-6502-306-7 | 2021/10 발행

만화로 배우는 최강의 株주식 입문

야스츠네 오사무 | 요시무라 요시 | 오시연

이 책은 자산운용에 전혀 관심이 없었던 초보자도 곧바로 주식투자에 도전할 수 있도록 주식투자의 노하우를 가능한 한 알기 쉽게 해설했다. 주식투자로 성공하는 방법들을 소개했는데, 덧붙이고자 한다. 책상에서만 익힌 노하우로는 결코 성공할 수 없다는 점이다.

값 16,000원 | 신국판(153x224) | 232쪽
ISBN 978-89-6502-313-5 | 2022/04 발행

제로부터 시작하는 비즈니스 인스타그램

아사야마 다카시 | 장재희

인스타그램을 비롯한 소셜미디어의 본질은 SNS를 통해 발신이 가능해진 개인의 집합체라는 것이다. 한 사람 한 사람의 생활 소비자들이 자신의 브랜드에 대해 발신하는 것, 그것이 소셜미디어의 활용의 열쇠가 된다. 사람들이 긍정적으로 취급하는 상품이란…

값 16,500원 | 신국판변형(153x217) | 168쪽
ISBN 978-89-6502-001-1 | 2022/08 발행

세상에서 가장 쉬운 베이즈통계학 입문

고지마 히로유키 | 장은정

베이즈통계는 인터넷의 보급과 맞물려 비즈니스에 활용되고 있다. 인터넷에서는 고객의 구매 행동이나 검색 행동 이력이 자동으로 수집되는데, 그로부터 고객의 '타입'을 추정하려면 전통적인 통계학보다 베이즈통계를 활용하는 편이 압도적으로 뛰어나기 때문이다.

값 15,500원 | 신국판(153x224) | 300쪽
ISBN 978-89-6502-271-8 | 2017/04 발행

경매 교과서(개정판)

설마 안정일

경매할 때, 꼭 어렵고 복잡한 물건을 해야 내가 마치 무언가 대단한 걸 한 듯이 느끼는데, 그게 아니라는 걸 강조하고 싶다. 쉬운 물건, 누구나 덤빌 수 있는 평범한 물건을 가지고도 수익을 낼 수 있다. 18년 경매 경험과 〈336-카페〉를 통해 배출한 수많은 수강생이 증명하고 있다.

값 19,400원 | 사륙배판(188x257) | 240쪽
ISBN 978-89-6502-004-2 | 2023/02 발행